建築設計テキスト
併用住宅

積田洋・金子友美・松永英伸 著
建築設計テキスト編集委員会 編

彰国社

建築設計テキスト編集委員（50音順）
金子友美（昭和女子大学）＊
古賀誉章（宇都宮大学）
恒松良純（東北学院大学）
積田　洋（東京電機大学）＊
藤田大輔（福井工業大学）
松永英伸（東京電機大学）＊
山田あすか（東京電機大学）

＊印は「併用住宅」担当編集委員

装丁・本文デザイン　伊原智子（るび・デザインラボ）

まえがき

　建築の設計は、その用途や機能を充足することはもちろんのこと、その時代の中で社会的な要請や周辺環境、景観、さらには建設コストなどの条件を総じて網羅的にとらえてデザインすることで、未来を見据えた人間の豊かな生活の空間を提供するように構想して計画することにより行われるものである。

　将来建築の実務に携わる初学者や学生に対して、建築学や関連分野の専門知識を学ぶ大学や工業高等専門学校、工業高校では、設計製図は基幹科目としてカリキュラムの中で多くの時間を当てている。建築計画や建築構造、建築設備などの講義科目での知識を総じて、一つの建築としてまとめ上げる設計製図の演習は、建築の専門家としての技術を取得するうえで極めて重要な科目である。

　本シリーズは、その設計製図科目の課題として多く取り上げられているビルディングタイプを中心に教科書とすべく企画・編纂したものである。

　本書は、2008年から2009年にかけて刊行した建築設計テキスト『事務所建築』『住宅』『集合住宅』『商業施設』の一連の設計テキストシリーズの第2弾として編まれたものである。今回企画したシリーズは、『図書館』『併用住宅』『高齢者施設』『保育施設』である。

　併用住宅とは、概ね戸建てで、生活の場である住居と、店舗や事務所など職の用途をもつ部分を一体化して計画された建築を総じて称しているものである。そのため併用の形態は多岐にわたり、一つのビルディングタイプとして建築計画が示されているものではない。本書でも多様な併用の中から店舗等の用途を整理し、それぞれの法規制や設計事例を通して解説している。特に住居部分と併用部分をどのように共有するのか、あるいは分離するかが、併用住宅の構成のうえで重要な点となる。この点についても多くの事例を参照することによりいくつかのパターンに分類して示した。

　都市や町の中心地区において、小規模な店舗を中心に日常の生活を営むうえで必要な衣食住を満たす用途の建物が、住居を伴って形成された。職と住が近接することにより住民同士の地域コミュニティが形成された社会的意義は大きく、特有の雰囲気を醸し出している。

　併用住宅には規模や住環境、併用部分の兼ね合い如何などの問題もみられるものの、本書が今後の併用住宅の計画や設計において参考となれば幸いである。

　本シリーズの特徴は、実際の計画や設計で行われる一連のフローに沿って、建築計画や構造計画さらに設備計画が、計画の初段階から、相互に関連して検討されていくことを理解し、事例の設計図もまた教科書的に省略するのではなく、実際に用いられているものに近い表現で掲載し、より実務に近い形での編集を心掛けたところにある。学生の設計課題の取組みの中で、建築計画や構造計画、さらには設備計画がそれぞれ別のものとして意識され、乖離した状況が多く見受けられる。建築計画とともに構造計画や設備計画を一体のものとして考えることの重要性を認識するということを意図している。しかし本書では併用部分の用途が多様であることを鑑み、それぞれの用途の計画を中心に解説している。

　本書の構成は、1章で併用住宅の基礎知識として、都市部を中心に形成された併用住宅の歴史的変遷、併用住宅の有する職と住の近接、概ね商業施設との併用に関する設計のための与条件と関連法規制、多種多様な併用住宅の空間構成などについて解説している。2章では、設計・計画の基本的な計画の留意点、各部の設計、様々な用途との併用における計画、さらに諸設備の計画について解説している。3章では、建築家による併用住宅の設計事例を、8つの用途別に掲載した。4章では、具体的な設計例として平面図・断面図など構造や設備についても理解を促すよう実際の図面に近い形で掲載している。

　またコラムでは、最新の職住共存の計画事例や本書で解説していない用途との併用住宅の例、併用住宅群として集合した形態のものを紹介している。

　最後に本書の編集にあたって、貴重な資料を提供していただいた設計事務所ならびに関係各位に厚くお礼申し上げる。

2016年9月

建築設計テキスト編集委員会　積田　洋

目次

まえがき ──────────────── 3

1 概　要 ──────────────── 5

1.1 併用住宅とは ──────────── 6
1. 歴史の中の併用住宅 ────── 6
2. 職と住の共存 ─────────── 7
3. 職住近接と社会 ────────── 8

1.2 与条件を整理する ──────── 9
1. 周辺状況 ────────────── 9
2. 敷地の特性 ──────────── 9
3. 法規制を整理する ──────── 10

1.3 併用住宅の構成 ─────────── 16
1. 運営方式による分類 ────── 16
2. 空間構成による分類 ────── 16
3. 共用空間のかたち ──────── 17

2 設計・計画 ──────────── 19

2.1 設計フロー ─────────── 20

2.2 各部の計画 ─────────── 20
1. 人体寸法 ────────────── 20
2. 省スペース・省エネルギー ── 21

2.3 様々なタイプの併用住宅 ──── 22
1. 事務所併用住宅 ────────── 22
2. 診療所併用住宅 ────────── 24
3. 物販店併用住宅 ────────── 28
4. 飲食店併用住宅 ────────── 30
5. 美容院容院併用住宅 ─────── 32
6. ホール・ギャラリー併用住宅 ── 35

3 設計事例 ──────────── 37

1. オムニクォーター
　　　/北山恒＋architecture WORKSHOP ── 38
2. バルコニーの家
　　　/手塚貴晴+手塚由比/手塚建築研究所 ── 40
3. 徳島の住宅
　　　/納谷学＋納谷新/納谷建築設計事務所 ── 42
4. 駿府教会/西沢大良建築設計事務所 ── 44
5. 森の家
　　　/駒田剛司＋駒田由香/駒田建築設計事務所 ── 46
6. 毘沙門の家
　　　/谷尻誠・吉田愛/SUPPOSE DESIGN OFFICE ── 48
7. アーキテクツハウス
　　　/三瓶満真＋いまむらあんな/インフィールド ── 50
8. 代沢医院の家/田井勝馬建築設計工房 ── 52

4 設計図面 ──────────── 55

勝田台のいえ/永山祐子建築設計 ── 56

【コラム】

集合住宅の中の併用住宅 ──────── 8
生業と住居のかたち ─────────── 14
羽根木の低密度集合住宅 ──────── 15
動物病院 ──────────────── 27
街へ開放された併用住宅 ──────── 36
月極駐車場併用住宅 ─────────── 36

1 概 要

1　概　要

1.1　併用住宅とは

　併用住宅とは事務所や医院、商店などの非居住部分と住居が一体化して建てられたものである。店舗併用住宅あるいは店舗付き住宅とも呼ばれる。

　現代では、自営の併用住宅のほかに集合住宅の下階や自宅の一部を貸店舗としたものなど規模や立地条件によっても多岐にわたる併用住宅が存在する。本書ではそれらのうち都市に立地し、比較的小規模な併用住宅を中心に取り上げる。なお本書では併用住宅の居住空間を「住居」とし、非居住部分の商業空間を「店舗」と称することにする。

❶ 歴史の中の併用住宅

　日本建築の歴史においては、支配者層（武士や貴族）の住まいは住宅、一般庶民の住まいは民家と呼ばれている。民家にはさらに農家、魚家、町屋[*1]がある。農家・魚家は言うまでもなく、それぞれ農業および漁業を生業とする世帯・家のことである。これらに対し町屋とは直接道路に面して建つ都市住宅である。歴史的には鎌倉時代には登場していたという。また町屋を機能的に商家や職人の住まいとすることもあるが、それは町屋という住居タイプの中の一例である。言い換えれば町屋には日本の併用住宅の一類型が含まれるということである。

①併用住宅としての町屋

　商家や職人の住まい、つまり併用住宅である町屋の事例は京都などで見ることができる。いわゆる「うなぎのねどこ」と言われる間口に対して奥行の長い短冊形敷地に建つ併用住宅であり、土間空間と居室からなる。居室は通り側から「ミセ」「ゲンカン」「ダイドコ」「ナカノマ」「ザシキ（オク）」と並ぶ。その並びに沿って設けられる土間空間「通り庭」は、台所空間であり作業空間でもある。こうした町屋では、店舗と住居の境界は流動的であり、家族構成や業態の変化によって店舗・住居空間がそれぞれ拡大縮小されながら使われていた（図1.1～1.3）。

②看板建築

　町屋の道路側のファサードを看板のように仕上げた建物で、関東大震災後大正期から昭和初期にかけて東京神田の商店街などでみられた建築である。銅板などで、一枚の板のようなファサードをもった外観からこの名前で呼ばれる。この看板建築は店舗と住居が一緒になった併

図1.1　京都の町屋

図1.4　看板建築（丸二商店、江戸東京たてもの園）

図1.2　町屋の通り庭　　図1.3　町屋の平面図例

図1.5　丸二商店内部　　図1.6　丸二商店平面図

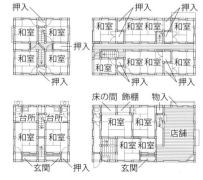

用住宅のひとつである。

看板建築は通りに面した表側に店舗を配し、その奥側つまり裏側に住居を配置した間取りになっている。この裏側の住居の多くには勝手口が付けられ、その外には路地空間が形成されていた。この路地空間は、その土地に隣接する者が土地を提供し合ってつくられたものだという。路地空間があることで客の動線と家族の生活動線を分けることができ、そこは子供の遊び場であり、狭い住居からはみ出した生活行為（煮炊き調理など）が行われ、ご近所づきあいの場となったのである（図1.4～1.6）。

③「まち」をつくる併用住宅

東京都東部、江東区の清澄白河には関東大震災の復興事業として当時の東京市が建てた「店舗向住宅」がある。これは、鉄筋コンクリート造の2階建て併用住宅であり、隣家と壁を共有する長屋建てとなっている。築80年を超えた現在でも併用住宅として機能しているもの、増改築によって占有空間を拡大しているもの、階段の位置を変えることで階を分けて異なる使用者に対応するものもある[*2]。前述の町屋同様、店舗と住居空間の組合せを時代に合わせて変化させながら、多様な使用形態に対応している。そして清澄庭園の東の輪郭を形成するように全長230mにも及ぶ連続住宅は、街並みとしても商業機能としても「まち」を構成する要素となっている（図1.7～1.9）。

2 職と住の共存

①都市に住むこと

人の居住地は、村落と都市に大別される。

村落には農村、山村、漁村などがあり、第1次産業に従事する人々によって構成される。都市に比べて人口が少なく、日常生活は土地との繋がりが強い。そのために自然に近い生活ができる。

一方、都市とは人口が比較的狭い地域に集中し、その地方の政治・経済・文化の中心となっている地域である。主に第2次・第3次産業に依存して発達してきた。そのため、都市には様々なサービスや情報が溢れ、利便性を追求した生活が享受できる。

こうした都市での生活を支えてきたもののひとつが商業機能である。商店街とは、小売りや卸売りの機能が集中している市街地のことであり、住宅地に発達したものは近隣商店街[*3]と呼ばれる。近隣商店街は地域密着型の商店街であり、その建築形態の多くは併用住宅であった。そこではかつて、ご近所づきあいを基盤としたコミュニティが形成され、商店街を活性化させていた。

しかし近年、地方都市では人口だけでなく商業施設のドーナツ化現象も生じている。すなわち郊外型のロードサイドショップの進出によって、中心市街地の商業力が低下し、シャッター通りを発生させることになっている（図1.10）。

②「まち」の構造の変化

日本では第2次世界大戦後、都市部への急激な人口集中がおこり、ベッドタウンと呼ばれる衛星都市を発生させた（図1.11）。ベッドタウンとは、独自の産業基盤を

図1.7　旧東京市営店舗向住宅の続く街並み（清澄白河、東京都）

図1.10　シャッター通りとなった商店街

図1.12　夜間人口の少ないオフィス街

図1.8　旧東京市営店舗向住宅

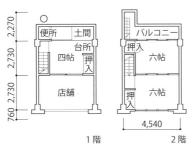

図1.9　同左平面図

図1.11　大都市近郊のベッドタウン

もたず住民の大部分が大都市へ通勤する都市のことである。住民が夜間のみ帰ってくることからこの名称が付けられた。これは都心近郊の比較的地価の安いエリアに造成された住宅地である。

そして、そのベッドタウンと対照的に都心部では夜間人口が少ないオフィス街が誕生することになる（図1.12）。就業地と住宅地が分離されることによって、人口のドーナツ化現象を引き起こすことになったのである。こうした職（商）と住のバランスの崩れた現代において、職住一体の併用住宅のあり方を再考することは意味あることである。

③ソーホーと都心回帰

ソーホー（SOHO）とはSmall Office Home Officeの略で、元々アメリカで誕生した勤務形態である。情報通信の発達によって、自宅や小規模事務所で仕事をするスタイルあるいはその仕事場の空間のことである。電子メールなどのコンピューターネットワークの発達により、従来のように時間をかけて会社まで通勤しなくても仕事ができる職種が増えた結果である。情報通信の技術と装置があれば、仕事はどこでもできるという考えに基づくものである。日本でも、1990年代からこのソーホーを目的とした住居が数多く供給されてきた。

しかし、近年では職と住のあり方を見直す動きもある。つまり仕事上の人と人との物理的な距離すなわちコミュニケーションを重要視する動きとともに、自宅を職場の近くにもつ方向に向かう職住近接、都心回帰の気運である（図1.13）。

そして、これは都心部に対して居住するにふさわしい都市機能が求められているわけでもある。

❸ 職住近接と社会

併用住宅とは職住近接であり、その利点としては通勤時間を削減することができ、時間を有効に使えることがある。また地域コミュニティが希薄と言われる現代において、職（商）を通してのコミュニケーションも期待できる。さらに子育て環境として時間的にも社会的にも有効であり、少子化対策の一翼を担うことも期待される。

その一方で職場環境がそのまま居住環境に反映され、これらのバランスが保てなければトラブルにも繋がりかねない。また業種によっては悪臭や騒音等近隣に及ぼす影響もある。さらには都市部では商業機能への集客によって、二次的に近隣に及ぼす影響も考えられる。人気店の前にできる行列、来店者の自転車、車両の駐車等にも配慮が必要である。これらについては建築物の計画・設計はもちろん、業種によっては廃棄物の処理についても各行政の指導に従い、適切な対応が必要である。

図1.13　都市部のSOHO NYH（aat＋ヨコミゾマコト建築設計事務所）

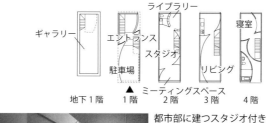

都市部に建つスタジオ付き併用住宅である。施主は日中家で過ごすことから仕事の場と住居の境界は曖昧であるとし、薄い曲面壁によって様々な場所を創り出している。

【コラム①】

集合住宅の中の併用住宅

　UR都市機構では、現代の多様なワークスタイルのニーズに応えるため、SOHO住宅（仕事専用の施設部分で必ず業務を行うことが入居条件）と在宅ワーク型住宅（一般の住宅としても使用可）の2種類の賃貸住宅を提案している。

　東雲キャナルコートCODANの1街区には建築家・山本理顕氏提案によるスモールオフィスタイプの住戸がある。これは下階にオフィス、上階に住居というメゾネットタイプの住宅で、オフィス部分には住宅部分とは別に入口が設けられており、人工地盤のウッドデッキから直接アクセス可能になっている。メゾネット型を採用することで、外部との接触部分を設けることと住民のプライバシー確保やセキュリティの問題を解決している。

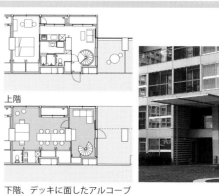

下階、デッキに面したアルコーブよりアクセス

1.2 与条件を整理する

❶ 周辺状況

　併用住宅では一般的に商業施設が付随するため、敷地近接条件だけでなく、その周辺を特に注意し、敷地選定する必要があり、業種によっては類似の商業施設や公共施設などの把握も必要とする。さらに、都市的観点から鑑みて計画する必要があり、駅やバス路線などの公共交通機関、自転車道や幹線道路からの距離や通行量など、来店者への配慮が必要不可欠であることはいうまでもない。

　また、計画地の気候や風土、地域による特性も把握しておく必要がある。例えば、盆地と高地での計画や、海岸沿いと山間部の計画では、自ずと建物の開放性が違うであろう。さらに地方と都市では、必然的に防犯に対する配慮も違うであろうし、歴史ある町と新興住宅地ではコミュニティに対する考え方も違う。これら、様々な外部要因を考慮しつつ建物の計画を行う必要がある。

①ペントハウス型の併用住宅

　下階を複数の店舗、最上階を住居とすることで、地上部の喧噪から住まいを遠ざけた都市部の併用住宅。特に都心部の商業地で多く見受けられる（図1.14、p.38～39）。

②分散配置型の併用住宅

　大自然に囲まれ、敷地の制約が少なく、住居と店舗が等しく扱われた山間部の全方位型併用住宅。防犯対策も考慮することが少なく、分散された部屋は直接外部から出入りできることが多い（図1.15、p.46～47）。

❷ 敷地の特性

　建物敷地は、基本的に幅員4m以上の前面道路に2m以上接道する必要がある。つまり、道路から敷地に容易に入れることを前提としており、道路と建物の関係は道路斜線などの法的規制もさることながら、平面計画的にも非常に重要である。商業的には、接道が複数あると店舗動線と住居動線が分離できるため計画が容易となる。また、それぞれの動線にも表と裏、つまり正式な玄関（客用）と通用口（搬出入用）があり得る。

①狭小地

　敷地面積が約50㎡以下で、その狭さから店舗と住居が混在する併用住宅（図1.16、p.50～51）。

②2面接道

　交通量の多い表道路側を店舗への入口、少ない裏側を住居への入口とするのが一般的であり、店舗と住居の動線を自ずと分離することが可能である。また、裏道路か

図1.14　オムニクォーター（北山恒＋architecture WORKSHOP）　図1.15　森の家（駒田建築設計事務所）　図1.16　アーキテクツハウス（三瓶満真＋いまむらあんな／インフィールド）

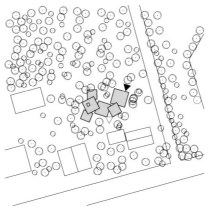
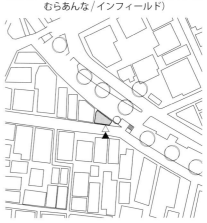

図1.17　徳島の住宅（納谷建築設計事務所）　図1.18　代沢医院の家（田井勝馬建築設計工房）　図1.19　House & Atelier Bow-Wow（アトリエ・ワン）

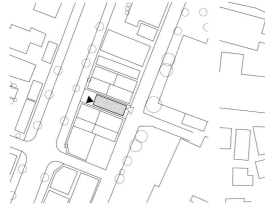
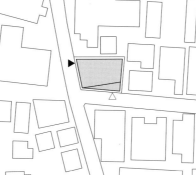
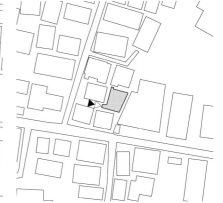

SCALE：1／1500　▽住居入口　▼店舗入口

ら、住居玄関とは別に店舗へのサービス動線を設けることが、良い店舗計画であろう（図1.17、p.42〜43）。

③角地

2方向の道路から店舗が見えることとなり、視認性の良い店舗が形成され、ランドマーク的な建物となり得る。2面接道でもあるため、店舗と住居の動線分離は簡易（図1.18、p.52〜53）。

④旗竿地

接道部分が細く、奥が広い敷地である。ポール上の旗のような形状から、旗竿地（旗地）と呼ばれる。必然的に接道部分が駐車場や店舗・住居などのすべての導入路線となり、動線を分離することは難しい（図1.19）。

❸ 法規制を整理する

建築基準法に定められた集団規定は、都市計画で決定される用途地域のほか、建ぺい率、容積率、斜線制限などがある（表1.1〜1.5）。

住宅として扱われる「店舗兼用住宅」は、延べ床面積の1/2以上を居住の用に供し、かつ店舗部分の床面積が50㎡以下のもの（施行令第130条の3）である。また、個々の建物で規制される単体規定も多岐にわたる（表1.7）が、その中でも防火区画については注意が必要である。防火区画は施行令第112条によって面積区画、高層区画、異種用途区画、竪穴区画などが規定されている。

複数の用途が存在する建築物の場合、その用途により管理体制や利用形態が異なるため、可燃物の量や質も様々である。そのため火災時の延焼や煙の伝播を抑え、適切な避難方法を図るために、用途ごとに防火区画をする場合がある。これを施行令第112条12、13で「異種

表1.1　用途地域内において建築できる店舗

店舗 \ 用途地域	第1種低層住居専用地域	第2種低層住居専用地域	第1種中高層住居専用地域	第2種中高層住居専用地域	第1種住居地域	第2種住居地域	準住居地域	近隣商業地域	商業地域	準工業地域	工業地域	工業専用地域
店舗兼用住宅で延べ面積の1/2以上を居住の用に供し、かつ店舗部分の床面積が50㎡以下のもの 1. 事務所（ただし大臣指定のものは除く） 2. 日用品販売を主たる目的とする店舗、食堂、喫茶店 3. 理髪店、美容室、クリーニング取次店、質屋、貸衣装店、貸本店、その他のサービス業を営む店舗 4. 洋品店、自転車店、家庭電気器具店等（原動機の出力合計が0.75kw以下） 5. 自家用販売のための食品製造業、パン屋、米屋、豆腐屋、菓子屋等（原動機の出力合計が0.75kw以下） 6. 学習塾・華道教室・囲碁教室等の施設 7. 美術品・工芸品を制作するためのアトリエ・工房（原動機の出力合計が0.75kw以下）	○	○	○	○	○	○	○	○	○	○	○	○
2〜6の店舗専用で店舗部分が2階以下、かつ床面積が150㎡以下で製造場がある場合は作業床が50㎡以下のもの		○	○	○	○	○	○	○	○	○	○	○
2〜6の店舗専用で店舗部分が2階以下、かつ床面積が500㎡以下のもの。風俗関連営業は不可。物販店、飲食店、銀行支店、保険代理店、不動産業店舗は可			○	○	○	○	○	○	○	○	○	○
一般の物品販売業店舗、飲食店での店舗部分が2階以下、かつ床面積1,500㎡以下のもの				○	○	○	○	○	○	○	○	○
一般の物品販売業店舗、飲食店での店舗部分の床面積が3,000㎡以下のもの。まあじゃん、ぱちんこ店などは不可					○	○	○	○	○	○	○	
一般の物品販売業店舗、飲食店での店舗部分の床面積が3,000㎡を超えるもの。劇場、映画館は不可								○	○	○		
カラオケボックスなど						○	○	○	○	○	○	○

表1.2　用途地域内の容積率制限

用途地域内の容積率制限 ※高層住居誘導地区内については別途制限あり	[A] または [B] のいずれかの小さい数値	
	[A] 原則の制限% （各数値の中から特定行政庁が選定）	[B] 前面道路の場合の幅員 <12m の場合の制限
第1種・第2種低層住居専用地域	50、60、80、100、150、200	前面道路の幅員（m）×0.4
第1種・第2種中高層住居専用地域	100、150、200、300、400、500、	前面道路の幅員（m）×0.4 （特定行政庁が指定した区域は0.6）
第1種・第2種住居地域		
準住居地域		
近隣商業地域		前面道路の幅員（m）×0.6 （特定行政庁が指定した区域は0.4または0.6）
準工業地域		
商業地域	200、300、400、500、600、700、800、900、1,000、1,100、1,200、1,300	
工業地域	100、150、200、300、400	
工業専用地域		
無指定の区域	50、80、100、200、300、400	

用途区画」として規定している。また、上下階を結ぶ階段やエレベーターは避難時の重要な経路であり、消火活動の設備でもあるが、火災の際は煙突化現象によって上方向に燃え広がりやすい。ここが使用不能となると被害が拡大するため、火災の影響を受けにくいように、他の部位との「竪穴区画」が規定されている（表1.6）。

なおかつ避難階段から屋外に通ずる避難経路が屋内を通過する場合、その避難経路とその他の部分を防火区画とする場合もある（東京都安全条例）。このように建築基準法以外にも、各自治体で定められた様々な条例が用途ごとにあり得るので、表1.7も確認されたい。本書では、住居と店舗が用途となっているものを規模に関係なく「併用住宅」と呼び、「店舗兼用住宅」を含めるものとする。

表1.3　用途地域内の建ぺい率制限

用途地域内の建ぺい率制限	[A] 原則の制限%（各数値の中から特定行政庁が選定）	[B] 角地の場合	[C] 防火地域内の耐火建築物の場合	[B]と[C]の両方に該当する場合
第1種・第2種低層住居専用地域	30、40、50、60	[A]+10	[A]+10	[A]+20
第1種・第2種中高層住居専用地域				
第1種・第2種住居地域	50、60、80		[A]+10 ただし、[A]=80の場合は制限なし	[A]+20 ただし、[A]=80の場合は制限なし
準住居地域				
近隣商業地域				
準工業地域	60、80			
商業地域	80		制限なし	制限なし
工業地域	50、60		[A]+10	[A]+20
工業専用地域	30、40、50、60			
無指定の区域	30、40、50、60、70			

表1.4　斜線制限

用途地域内	絶対高さ制限(m)	外壁の後退距離(m)	道路斜線*1		隣地斜線*2		北側斜線	
			適用距離(m)	勾配	立上がり(m)	勾配	立上がり(m)	勾配
第1種・第2種低層住居専用地域	10、12	1、1.5	20、25、30、35	1.25			5	1.25
第1種・第2種中高層住居専用地域				1.25 (1.5)	20、31	1.25、2.5	10*3	1.25*3
第1種・第2種住居地域								
準住居地域								
近隣商業地域			35、40、45、50	1.5	31	2.5		
準工業地域								
商業地域			20、25、30、35					
工業地域								
工業専用地域								
無指定の区域			20、25、30	1.25、1.5	20、31	1.25、2.5		

*1 道路斜線の適用距離や勾配は容積率の限度などによる。　*2 複数あるときは特定行政庁が定める。　*3 日影規制があるときは除外される。

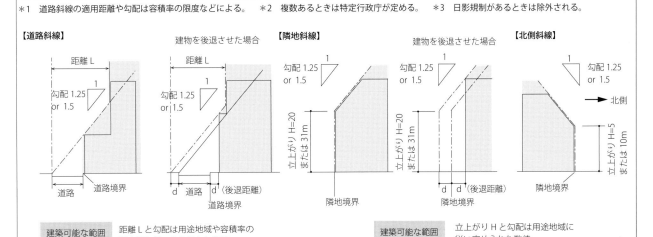

概要

表1.5 日影制限

用途地域内	日影規制				X＝敷地境界線からの水平距離
	[A] 対象建築物	[B] 測定面の高さ		[C1] 5m＜X≦10m	[C2] 10m＜X
第1種・第2種低層住居専用地域	軒高＞7m または 地上階数≧3	1.5m		3、4、5（2、3、4）の中から選定	2、2.5、3（1.5、2、2.5）の中から選定
第1種・第2種中高層住居専用地域	建築物高さ＞10m	4m、6.5m（条例で制定）		4、5（3、4）の中から選定	2.5、3（2、2.5）の中から選定
第1種・第2種住居地域					
準住居地域					
近隣商業地域					
準工業地域					
商業地域					
工業地域					
工業専用地域					
無指定の区域	条例で指定				

【日影図】

表1.6 防火区画

区画種類	対象建築物（部位）	区画部分	区画の方法	緩和措置など
異種用途区画	●施行令第112条12項（建築基準法第24条に該当する特殊建築物） ・学校、劇場、映画館、演芸場、観覧場、等 ・公会堂、集会場、マーケット、公衆浴場、等 ・自動車車庫（50㎡以上） ・2階建て 200㎡を超える百貨店、共同住宅、寄宿舎、病院、倉庫	用途の境界	準耐火構造（45分間以上） 防火設備（法第2条9号のロ） 遮煙性能	物販店舗と飲食店は、原則として異種用途であり、相互に区画する必要があるが、物販店舗の一角にある喫茶店、食堂などで管理する者が同一、利用者が一体施設として使用するなどの要件に該当すれば、区画は不要とすることができる（防火避難規定の解説）
	●施行令第112条13項（建築基準法第27条に該当する特殊建築物） ・耐火建築物、準耐火建築物 ・施行令第109条3項に該当する建築物		準耐火構造（1時間以上） 特定防火設備 遮煙性能	
竪穴区画	●施行令第112条9項 ・準耐火（耐火）建築物、地階または3以上に居室（開放廊下、バルコニーを除く）	階数が2以上の住戸、吹抜け、階段、昇降路、ダクトスペースとの境界	準耐火構造（45分間以上） 防火設備（法第2条9号のロ） 遮煙性能	・竪穴区画からのみ出入りできる便所 ・避難路の直上階または直下階のみに通ずる吹抜け部分、階段部分などで内装（下地を含む）を不燃材料でつくったもの ・3階以下で1住戸面積が200㎡以下の戸建て住宅、長屋、共同住宅の住戸の吹抜け、階段部分、昇降機の昇降路部分などは除外

表1.7 店舗関連法規

業種	施設用途	申請届出区分	関係法令	対象	建築計画的内容
物販	デパート	新設（変更）届出	大規模小売店舗立地法	店舗面積合計1,000㎡超の大規模小売店舗の建物設置者	駐車／駐輪場・荷捌き施設・廃棄物保管施設や周辺環境への配慮、ほか
	物販店舗・食品売場	営業許可	食品衛生法	食肉・魚介類・食料品等（総菜・弁当）の販売業	
	薬局	薬局開設許可	薬事法	医療品の販売	〈薬局〉面積19.8㎡以上調剤室は6.6㎡、ほか〈店舗販売〉面積13.3㎡、ほか〈卸売販売の営業所〉面積は100㎡以上、ほかいずれも、薬品保管場所は、常時居住する場とは明確に区別する
	酒屋	営業許可	酒税法	酒類販売業免許申請	
サービス	駐車場	路外駐車場設置届・管理規定届	駐車場法	500㎡以上の時間賃駐車場	交差点、横断歩道から5m以内に出入口不可。出入口は60度以上の視野を確保、ほか
	理容室	理容室開設届	理容師法		
	美容室	美容室開設届	美容師法		
	クリーニング・ランドリー	クリーニング所開設届	クリーニング法	クリーニング所の開設届	設備基準（主に衛生基準）、ほか
	温浴施設・公衆浴場	公衆浴場許可申請	公衆浴場法	温湯、潮湯、または温泉その他を利用して公衆入浴させる施設	東京都条例：脱衣室および洗い場は男女各15㎡以上、洗い場には5㎡ごとに1カ所以上の湯栓を設ける、浴槽は男女各4㎡以上、ほか
飲食	飲食店舗	営業許可	食品衛生法	飲食等	東京都条例：従業員と客用の各専用の手洗い設備が必要。従業員用の更衣室を作業場外に設置、厨房は50lx、客席は10lx以上、ほか
		営業許可	風営適正化法	キャバレー・飲食店等	
		営業届出	風営適正化法	深夜酒類提供飲食等	
風俗	ゲームセンター・パチンコ	営業許可	風営適正化法	ゲーム・パチンコ営業	
興行	イベントホール・映画館・劇場	興行場営業許可	興行場法	映画、演劇、音楽、スポーツ、園芸または見世物施設	東京都条例：機械換気設備の設置、規模に応じた便所の数、ほか
医療	病院	病院開設許可	医療法	20人以上の入院設備を持つもの	〈有床あるいは無床診療所〉居宅は出入口が別にあり、廊下他を共有することなく明確に区画する。雑居ビルの複数階にわたって開設される場合、医療施設の専用経路（階段）を確保する。診療室：9.9㎡以上、待合室：3.3㎡以上、歯科診療室：5.4㎡／セット以上、調剤所：6.6以上、分娩室：9.9㎡以上、原則として各室は独立していること。ほか〈有床診療所〉病室：10床／室以下。個室：6.3㎡以上。一般：4.3㎡／人以上。2階以上に病室がある場合、屋内直通階段が2以上必要（EVもしくは50㎡以下の場合、1以上で可能）。3階以上に病室がある場合、避難階段を2以上設けること。ほか
		構造設備使用許可	医療法	入院施設を有する病院で使用許可を要する施設を使用する場合	
		病院使用許可	医療法	病院、構設備についての検査・使用許可	
	診療所（クリニック）歯科診療所	診療所開設届	医療法	0〜19人の入院設備を持つもので医師が開設	
		診療所開設許可	医療法	0〜20人の入院設備を持つもので医師登録を受けていない者が開設	
		診療所使用許可	医療法	収容施設を有する診療所の、施工段階での検査・許可	
福祉等	公的老人ホーム	設置許可（設置届出）	老人福祉法	社会福祉法人（市町村）が老人ホームの設置時	〈特養老人ホーム〉定員20人以上、34.13㎡／人以上。〈ケアハウス〉定員20人以上39.6㎡／人以上。〈有料老人ホーム〉介護居室13㎡／人以上。〈認知症高齢者グループホーム〉介護居室7.43㎡／人以上。〈小規模生活単位型特養老人ホーム〉個室10.65㎡／人以上。ほか
	有料老人ホーム	設置届出	老人福祉法	有料老人ホーム	
	保育所	児童福祉施設設置認可	児童福祉法	社会福祉法人、財団法人、自治体、民間等の設立時	乳児室：1.65㎡／人以上、ほふく室：3.3㎡／人以上、保育室または遊戯室：1.98㎡／人以上、屋外遊戯：3.3㎡／人以上。ほか
宿泊	ホテル・旅館	国際観光ホテル・旅館登録	国際観光ホテル整備法	国際観光ホテル・旅館の登録基準	
		営業許可	食品衛生法	飲食店営業、喫茶店営業	
		旅館業営業許可	旅館業法	旅館・ホテル・簡易宿所・民宿・下宿	
	研修所・学生会館	旅館営業許可	旅館業法	旅館・ホテル・簡易宿所・民宿・下宿営業	〈ホテル〉客室数10室以上、9㎡／室以上、ほか〈旅館〉客室数5室以上、7㎡／室以上、ほか〈簡易宿所〉客室延33㎡以上。ほか
工場	工場	特定工場新設届出	工場立地法	敷地面積9,000㎡以上または3,000㎡以上の規模の特定工場	
		工場設置（変更）届	東京都環境確保条例	工場を設置しようとするとき	
		指定作業所設置（変更）届	東京都環境確保条例	指定作業所を設置しようとするとき	
危険物	ガソリンスタンド	給油取扱所設置許可	消防法		給油所と所有者住居は開口部のない耐火区画。給油所において、係員以外が出入りする事務室、休憩室、警備室などの面積は300㎡以下。ほか
		給油所運営の登録	揮発油販売業法	危険物の種類・数量・貯蔵取扱方法などの適合	
文化	美術館・博物館	博物館相当施設指定	博物館法	博物館は公益法人もしくは公共法人のみ	
学校	幼稚園	設置認可	学校教育法	幼稚園設置基準に基づく	
	専修・各種学校	設置認可	私立学校法	専修学校・各種学校設置基準	

1.3　併用住宅の構成

❶ 運営方式による分類

併用住宅は、運営方式すなわち自営か貸店舗の別によって分類することができる。前述の町屋、看板建築、旧東京市営店舗向住宅はいずれも自営の併用住宅の例である。一方、店舗やオフィス部分を賃貸とした、貸店舗業態の併用住宅もある。下層階を商店・駐車場・事務所などに使用し、上階を住居としたいわゆる「下駄履き住宅」はその例である。

❷ 空間構成による分類

近年の併用住宅事例から、その店舗・住居の空間構成について分類整理する。まず建築物として単層か複層かに分けられる。そして、それらに店舗・住居の共用空間の有無という尺度を加えた分類を断面モデル図で示したものが図1.20である。さらに、本書内紹介の併用住宅事例を分布させたものが図1.21である[*4]。

共用空間がないものも多い。店舗の業務内容によっては法的に住居と店舗を区分しなくてはならないものもある（p.24　診療所併用住宅参照）。医療・クリニック系を含めて共用空間が設けられない場合は、配置計画的に店舗空間とは異なるアプローチ動線を確保するか、立体的に上階と下階で空間を分け専用階段でアプローチする。前者の例として立地が郊外で、アプローチ空間が十

図1.20　店舗と住居および共用空間のパターン断面モデル図

	共用空間なし	共用空間あり	
単層	**A1** 単層で住居と店舗が並列的に配置され共用空間がないもの	**B1** 単層で住居と店舗が共用空間を介して配置されるもの	**C1** 単層で住居と店舗の空間ほとんどが共用空間となっているもの
複層	**A2** 複層で下階の一部に店舗があり共用空間がないもの	**B2** 複層でひとつの階に住居と店舗の共用空間があるもの	**C2** 複層でひとつの階のほとんどが共用空間であるもの
複層	**A3** 複層で下階に店舗があり、上階に住居が積層し共用空間がないもの	**B3** 複層で複数の階に住居と店舗の共用空間があるもの(吹抜け含む)	**C3** 複層で住居と店舗の空間ほとんどが共用空間であるもの
外部空間あり	**A4** 外部空間があるが共用空間はないもの	**B4** 外部空間があり複数の階にわたる共用空間があるもの	**C4** 複層で外部空間が共用空間となっているもの

凡例　////// 住居　　□ 店舗　　┈ 外部空間　　▨ 共用空間

図1.21　併用住宅事例の分類

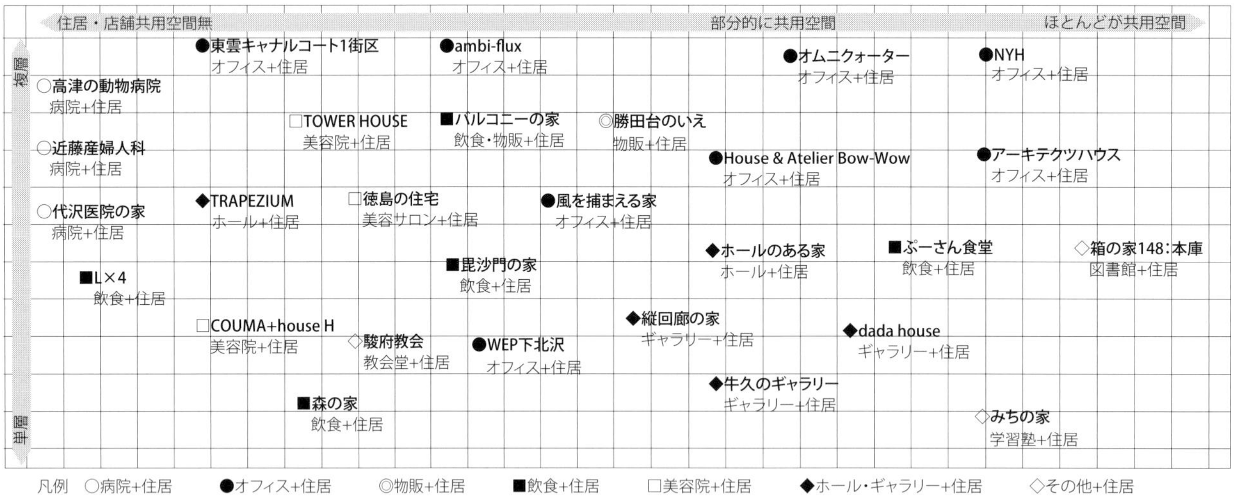

住居・店舗共用空間無		部分的に共用空間		ほとんどが共用空間
●東雲キャナルコート1街区 オフィス+住居	●ambi-flux オフィス+住居		●オムニクォーター オフィス+住居	●NYH オフィス+住居
○高津の動物病院 病院+住居				
○近藤産婦人科 病院+住居	□TOWER HOUSE 美容院+住居	◎バルコニーの家 飲食・物販+住居	◎勝田台のいえ 物販+住居	
			House & Atelier Bow-Wow	●アーキテクツハウス オフィス+住居
○代沢医院の家 病院+住居	◆TRAPEZIUM ホール+住居	□徳島の住居 美容サロン+住居	■風を捕まえる家 オフィス+住居	
			◆ホールのある家 ホール+住居	■ぷーさん食堂 飲食+住居	◇箱の家148：本庫 図書館+住居
■L×4 飲食+住居		■毘沙門の家 飲食+住居		
	□COUMA+house H 美容院+住居	□駿府教会 教会堂+住居	●WEP下北沢 オフィス+住居	◆縦回廊の家 ギャラリー+住居	◆dada house ギャラリー+住居
			◆牛久のギャラリー ギャラリー+住居		
		■森の家 飲食+住居			◇みちの家 学習塾+住居

凡例　○病院+住居　●オフィス+住居　◎物販+住居　■飲食+住居　□美容院+住居　◆ホール・ギャラリー+住居　◇その他+住居

【コラム②】

生業と住居のかたち

京都府の日本海側、丹後半島の伊根町には湾に面して舟屋が並ぶ。急峻な山と海に挟まれたわずかな平地に建てられたその住居のかたちは、漁業を生業とする人々が直接舟で出入りできるように住居の1階に舟の収納スペースを設けたものである。

同時に1階は網など道具の手入れをする作業空間でもあり、魚干物の干場や倉庫としても使われている。2階は居住空間となっており、舟屋は生業に最も適した建築のかたちが表現された併用住宅の一例である。近年は高齢化が進み空き家となった舟屋もあるが、独特のかたちをもつ舟屋を改装し、カフェや宿泊施設として観光資源とする動きも見られる。

分に確保できる場合、エントランス空間を共用とする必要がないことから別々のアプローチを用いているものが見られる。「森の家」(p.46〜47)は周囲を自然に囲まれた立地である。角度の振られた箱形の建築と木立によってシークエンス効果のあるアプローチが創出されている。それらを抜けて向かうレストランは独立したエントランスをもつ。住居へのアプローチは別動線にて確保されており、箱の隙間にできたアルコーブのような空間に玄関が設けられている（図1.22　A1　ただし一部ロフト階あり）。後者すなわち立体的解決方法による例としては「TRAPEZIUM」がある。下階にホールをもつ併用住宅で、それぞれ異なる外階段でアプローチする。この外階段もその名の通り不等辺四辺形によって構成される。異なるアプローチを積極的にデザインに取り入れた例である（図1.23　A3）。

さらにアプローチ空間や玄関のみ共用という事例も多数見られる。特に限られた敷地面積の場合、土地の有効活用のためにも可能な部分は、共用としたほうが効率がよい。立地上アプローチ空間が共用となる場合もある。

「毘沙門の家」(p.48〜49)は、傾斜地に建つカフェ・レストランと住居の併用住宅である。傾斜地に突き出した建築には、店舗も住居も1本のアプローチ動線でアクセスする。入口は分けられているものの、このアプローチは店舗と住居共用の空間である（図1.24　C4）。

図1.22　森の家（駒田建築設計事務所）

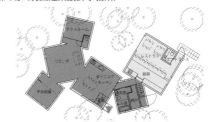

図1.23　TRAPEZIUM（田口知子建築設計事務所）

【コラム③】

羽根木の低密度集合住宅

環状七号線の大通りから200m程の距離にある住宅地で、今も樹木が多く残る東京都世田谷区羽根木のエリアに、賃貸住宅群である「亀甲新（東環境・建築研究所／東利恵）」はひっそりと佇む。関東大震災までは醤油仕込み工場や住宅が建っていた広大な敷地に、同じように分棟形式で建てられた「羽根木インターナショナルガーデンハウス（北山孝二郎＋K計画事務所）」や、既存樹木が建物を貫通する形で建築された「羽根木の森アネックス（坂茂建築設計）」がある。

どれもオーナーの意向である"羽根木の環境を残す"という主旨が十分に反映された建築群であり、低密度で木々に囲まれた、都心とは思えないような街並みだ。オーナーは同時に"住宅地には活動の拠点としての商業が必要"と考えており、道路に面した住宅の1階には様々な店舗がある。住まいと職場が近接することで昼間の街に活気が生まれ、そこにコミュニティが発生する。「亀甲新」では、暖簾や木格子・板壁等がデザインされ、周囲の住人から「昔から建っていたみたい」と評判で、宿場町のように賑わいのある街となっている。

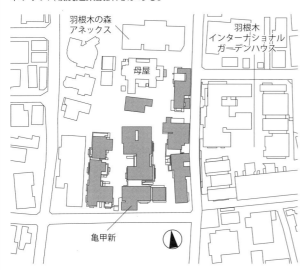

右が「亀甲新」、左は「羽根木インターナショナルガーデンハウス」

❸ 共用空間のかたち

住宅が商業機能をもつということは、社会とのかかわりをもちながら暮らすということである。前述のアプローチや玄関部分を共用とする事例は新旧多数見られるが、加えて住居の様々な部分を共用空間として開放し、積極的に社会とかかわろうという姿勢がうかがえる。以下はその共用空間の特徴について記したものである。

① 時間で共用空間をつくる

「箱の家148：本庫」では、日中自宅を高齢者対象の私設図書館として開放している。住居空間のほぼ全域を開放し、公共的な空間を提供している。1日の中の時間によって共用空間をつくり出している（図1.25　C3）。

「ぷーさん食堂」は将来的に食堂経営を予定して建てられた。食堂営業時には、客と家族の入口が同一で、家族は店舗の一部を通り抜けて住居へと向かうことになる。土日には食堂カウンター席が家族のデスクとなり、テーブル席は家族の食事の場となることが想定されている。将来的な計画という時間軸と営業時間によって共用空間がつくり出されている（図1.26　C2）。

② 共用空間を中央につくる

「みちの家」は「みち」と呼ぶ中央部の共用空間が学習塾と住居を繋ぐ。「みち」は外部から連続する移動空間であり、学習塾と住居空間、さらに家族同士のプライバシー確保のための緩衝空間でもある。この「みち」は台所や食事の場として家族の集まる場所であり、学習塾に通う子供たちが休憩時間に溢れ出してくる場所でもある。傍らに置かれたグランドピアノの音色を家族と塾に通う子供たちが一緒に楽しむことも想定されている（図1.27　B1）。

③ 外部空間で共用空間をつくる

「牛久のギャラリー」では、ギャラリーへのアプローチ空間である中庭がアトリエ・住居の入口のあるポーチと繋がっている。中庭の一部にベンチが置かれ、街に開放されている。また2階レベルには住居とアトリエを繋ぐテラスが設けられている。中庭・ポーチ・テラスは住居とギャラリーおよびアトリエを繋ぐ空間であり、これらの共用空間である（図1.28　C4）。

「WEP下北沢」は分棟型の配置で、住居と事務所は、地上階の「土間」と名付けられた玄関空間や上階のテラスで繋がっている。客間や個室も、この「土間」やテラスを介して独立した空間を成している（図1.29　B4）。

④ 共用空間で囲む

「縦回廊の家」ではL字形の回廊（ギャラリー空間）を回り込んで住宅へ向かう。つまり居住者はギャラリーを通って住居へアプローチする。見せてもよい部分の捉え方による解決である（図1.30　B2）。

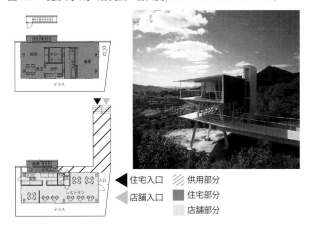

図1.24　毘沙門の家（谷尻誠・吉田愛／SUPPOSE DESIGN OFFICE）

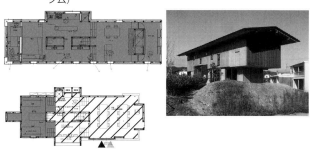

図1.26　ぷーさん食堂（服部信康建築設計事務所・名和研二／なわけんジム）

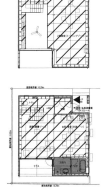

図1.25　箱の家148：本庫（難波和彦＋界工作舎）

図1.27　みちの家（柳澤潤／コンテンポラリーズ）

⑤スキップフロアで共用空間をつくる

「アーキテクツハウス」(p.50〜51)は、都心部に近い住宅地に建つ狭小建築で、文字通り建築家の家である。設計事務所である1・2階のアトリエの中を通って、上階の住居へ進む。スキップフロアによって空間の分節をつくり出し、コンパクトな平面の中に居住空間とアトリエ空間を立体的に共存させている(図1.31 B3)。

⑥視線で共用空間をつくる

「ホールのある住宅」で、物理的に設けられている共用空間は玄関とその周辺の空間だけである。居住者はホールの一部を通り抜けて住居へ向かう。階段を上がりきった踊場からはホールを眺めることができる。また住居の2階にあるダイニングに設けられた大きな開口部からもホールを眺めることができる。日常的な住居空間のところどころに、ホールという大きな気積をもつ空間に接する部分を設けることで、日常からふと抜け出せるような演出がされている。視線をホールに向けることで間接的な共用空間をつくり出している(図1.32 B4)。

＊1 民家史では農家と対比させるため町家と書くのが一般的である。町屋とは都市における建築と敷地の双方を意味するものである。
＊2 宮原亮介・張漢賢「旧東京市営店舗向住宅の持続的利用に関する調査研究」(日本建築学会中国支部研究報告集第34巻、2011年)による。
＊3 最寄品中心の商店街で地元主婦が徒歩または自転車などにより日用品の買物を行う商店街
＊4 本書で扱う事例については原則として設計時の用途、空間構成で紹介するものとする。

図1.28 牛久のギャラリー(堀部安嗣建築設計事務所)

図1.29 WEP下北沢(新関謙一郎/NIIZEKI STUDIO)

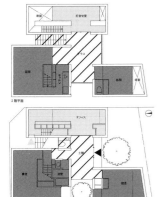

図1.30 縦回廊の家(内海智行/milligram studio)

図1.31 アーキテクツハウス(三瓶満真+いまむらあんな/インフィールド)

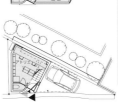

図1.32 ホールのある住宅(能作文徳建築設計事務所)

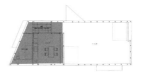
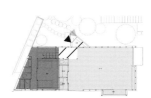

2 設計・計画

2 設計・計画

2.1 設計フロー

建築を実現するためには、計画・設計・施工という3段階の工程がある。計画段階ではクライアントの意向はもちろんのこと、敷地や周辺状況の調査、社会的情勢、法規制など様々な要件を整理することから始まる。この段階で、建物の目的や意義を明確にし、広い視野をもって計画することが、建物の寿命に大きくかかわることになる（図2.1）。

同時に必要なのは、建築空間の魅力をいかに作り上げるかである。コストや施工性、メンテナンス性、近隣対策等に重点が置かれがちであるが、空間自体のもつ魅力は建築家のみが構想しうる事項として意識しなければならない。それらを有している建築こそが、時代を超えて残っていくものである。また、昨今ではライフサイクルマネジメントという、建物の企画構想から運営・維持管理を経て解体・廃棄までも視野に入れたマネジメントが必要となってきている。それは、建物の建設から解体までの総費用（ライフサイクルコスト）ばかりでなく、建設材料の製造や輸送などを含む総エネルギー量（ライフサイクルエネルギー）、さらにはそれらの二酸化炭素の総量（ライフサイクルCO_2）などといった地球温暖化に関する指標が見直されている。

2.2 各部の設計

❶ 人体寸法

人体のプロポーションは、身長・体重の差はあるが、概ね一定であり動作寸法もおおよそ予測ができる。標準的な身長165cmの立位の眼高は150cm程度で、ドアノブは90cmが一般的である（図2.2）。

階段は建築基準法施行令第23条によって、建物種別

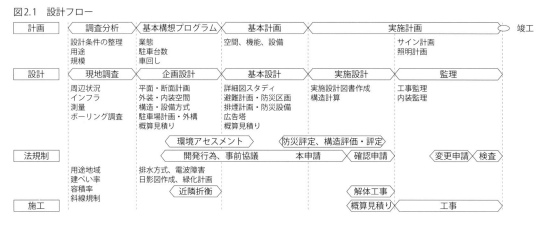

図2.1 設計フロー

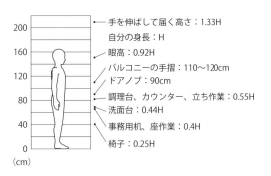

図2.2 人体寸法

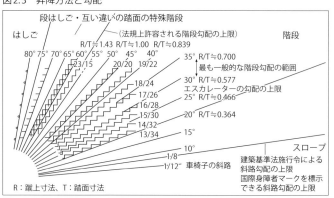

図2.3 昇降方法と勾配

ごとに蹴上、踏面および階段幅の上限・下限が決まっている。踏面寸法は蹴込み部分を含まず、上から見た水平投影寸法である。螺旋階段などの踏面寸法は、内側から30cm離れたところで測定する。階高が階ごとに違う場合でも、緊急時の混乱を考え、蹴上・踏面は一定としたい。一般的には2R（蹴上）＋T（踏面）≒60cmとなる値が最も上りやすいとされる（図2.3）。

❷ 省スペース・省エネルギー

都市部の併用住宅では、限られた敷地内で店舗と住宅部分とのスペース配分に注意しなければならない。そのため設備関連はコンパクトな物を求められることが多く、エレベーターやキッチン等は、特殊な物が使用されることが多い。また住宅規模での省エネルギーは、太陽光発電や家庭用燃料電池コージェネレーションシステム（エネファーム）等があるが、電力消費が少ないLED照明器具の普及が近年進んできており、その新たな使用方法も提案されている。

①小型エレベーター

小型のエレベーター（以下EV）である2人乗りのホームEVは、使用頻度が低いことより施工費および維持費も低額であるが、住宅以外での利用ができない。集合住宅や高齢者施設などの住人のみが使用する場合は、3人乗りサイズの小規模建物用小型EVが設置可能である。使用者が不特定多数となる乗用EVは、一般的には6人乗りが最小サイズとなる（図2.4）。

②ミニキッチン

小規模な店舗では省スペースのため、給湯室は特化された「ミニキッチン」が一般的である。シンクやコンロはもちろんのこと、冷蔵庫や吊戸棚、換気扇、シンク下に収納する小型電気温水器までも一体となったオールインワンの家具・設備である。間口は1,500、1,200、900サイズと30cm刻みでの規格品が用意されている（図2.5）。

③給湯設備

使用湯量の多い飲食や美容院、クリニック、宿泊施設はガス瞬間湯沸器によって給湯を検討すべきだが、事務室などの比較的湯量の少ない施設では、小型電気温水器を使用すれば、設置場所を限定されない省スペースとすることができる。また、深夜電力を使用した電気温水器も省エネルギーとして検討されて然るべきだが、短時間に使用量が貯湯タンク水量をオーバーすると、湯が出ない事態にもなるため、業種によっては注意したい（表2.1）。

④エコサーカディアン照明

近年の施設では、省エネルギーのためにLED照明が普及し演色技術の発達により、時間の流れに追従した自然光を表現することも容易となった。人の体はおよそ25時間周期で生体リズムが繰り返される。日中は太陽光に近い5,000K程度の色温度で活動的となり、太陽が沈み自宅でくつろぐ時間帯は3,000～2,500K前後の色温度のほうが落ち着くといわれている。これを、サーカディアンリズムといい、昼間と夕方・夜間で照度と色温度をコントロールする環境をつくる試みが、住宅ばかりでなくオフィスや商業施設でも始まっている（図2.6）。

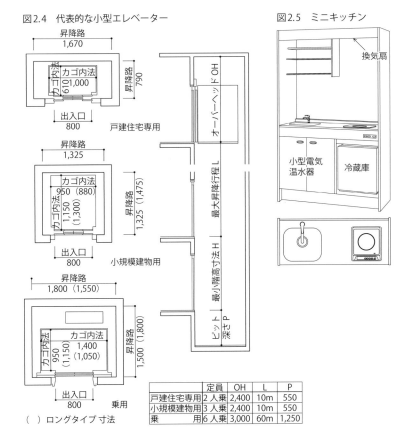

図2.4　代表的な小型エレベーター

図2.5　ミニキッチン

表2.1　建物種別給水量

建物種別	標準使用水量	設計給湯量
住宅	160～250ℓ/人・日	150～300ℓ/戸・日
事務所	60～120ℓ/人・日	7～10ℓ/人・日
宿泊施設	400～500ℓ/客・日	150～250ℓ/客・日
病院	500～2,000ℓ/床・日	150～200ℓ/客・日
飲食		40～80ℓ/㎡・日

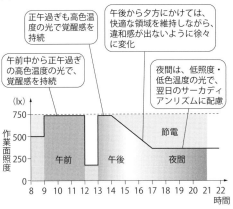

図2.6　エコサーカディアン照明によるコントロール

2.3　様々なタイプの併用住宅

❶ 事務所併用住宅

事務所併用住宅の場合、前章で述べたSOHO（小規模での事務所形態）の規模は、明確に規定されているものではない。しかしながら、個人住宅の卓上のみで行うような業態から、従業員がいて接客スペースも用意された事務所まで、規模は様々である。また、事務所では商店と違い接客頻度が低いため、住宅のリビングが接客または会議スペースと兼用されていることもあり、事務所と住宅の境界が明確にしにくい場合も多分にある（図1.19参照）。

①事務室計画

事務室の床面積は、収納や机配置などによって左右されるが、一人当たり8〜12㎡程度、会議室の床面積は収容人員一人当たり2〜5㎡程度である。天井高さは2.6〜3m程度が目安である。

②机の配置

事務机のサイズは、奥行70㎝、幅は片側引出120㎝、両側引出160㎝、高さ70㎝が一般的である。机の配置は、ⅰ）対面対向式：面積効率が高くコミュニケーションを重視する場合に適する、ⅱ）同向式（並行式）：対面する視線がなく、適度なプライバシーを保てるが面積効率は劣る、ⅲ）左右対向式（スタッグ式）：個人作業を重視した配置で、通路部分が明確になる、ⅳ）背面式、などがある（図2.7）。

③仕切りの高さ

オフィスの間仕切りは、固定壁を使わず衝立式のローパーティションや家具・植物などで執務空間を構成する方法がとられる（図2.8）。

110㎝：座ったままで見通しがきく。

120㎝：座った状態で視線を遮る。

150㎝：立ったときの視線とほぼ等しく、周りが見通せるので圧迫感が少ない。

160㎝：座った状態で収納棚に手が届く。

180〜210㎝：人の動きを視覚的に遮り、ほかからの視線を意識する必要がなく、プライバシーが高い。

④タスク・アンビエント設備

省エネルギーを目的とし照明や空調を、タスク（一次）とアンビエント（二次）に分けて行う方式である。照明の場合は、全般照明と局部照明に分かれるが、グレア防

図2.7　机の配置

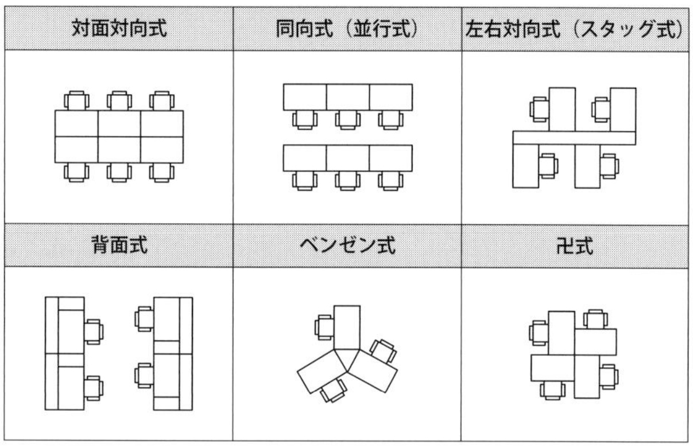

対面対向式	同向式（並行式）	左右対向式（スタッグ式）
背面式	ベンゼン式	卍式

図2.8　仕切り高さと視覚

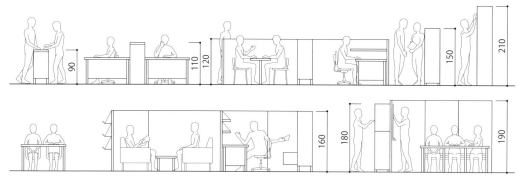

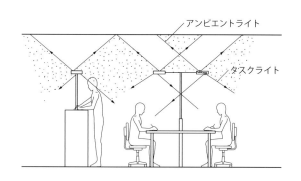

図2.9　タスク・アンビエント照明

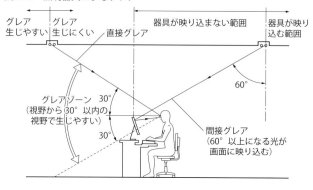

図2.10　照明器具によるグレア

止を考慮して、局部照明の1/3〜1/10の照度の全般照明を併用する（図2.9〜2.10）。

空調では全般空調で均一な温熱環境を維持し、局所空調で各個人の室内環境に調整する方式である。局所空調は、不在スペースでの停止により省エネルギーも期待できる。

⑤フリーアドレスオフィス

情報通信の発達によって生まれた新たな仕事形態は、社屋内でも同様である。社員が特定の座席をもたず、図書館の閲覧席のように利用時に空いている席を自由に使用する形態をフリーアドレスオフィスと呼ぶ。携帯パソコンで無線LANによってインターネットを閲覧し、社内情報はメインサーバーにアクセスして取得すれば、基本的には固定席は必要なくなる。これにより、会社スペースの有効利用や、隣席が常に違う社員であることによるコミュニケーションの活性化など、マイペースでの仕事に取り組むことができるが、在席率が高いオフィスには不向きである。無線LANの発達に伴い、小規模オフィスでは床下配線（フリーアクセスフロア）が不要となることも多い（図2.11）。

⑥貸事務所

特殊な設備を必要としない事務所空間は、貸室としても多く存在する。その場合、貸フロアでの共用部分には、給湯室や便所等の設備スペースが必要になることもあるが、小規模の併用住宅では、住宅とオフィスの両者が使用する共用エントランスが多いであろう（図2.12）。

図2.11 フリーアドレスの事務所（風を捕まえる家／手塚建築研究所）

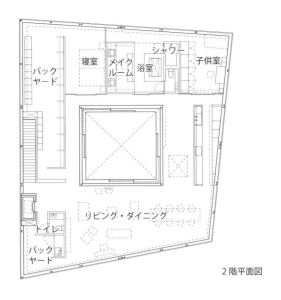

2階平面図

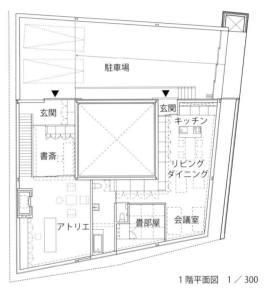

1階平面図　1／300

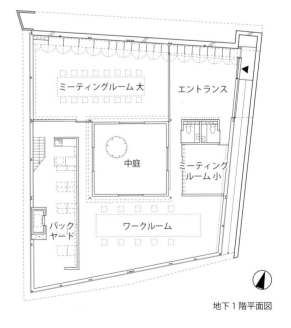

地下1階平面図

図2.12 貸事務所の例（ambi-flux／米田明）

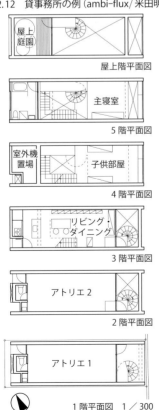

1階平面図　1／300

❷ 診療所併用住宅

診療所（またはクリニック）とは「患者19人以下の収容施設であり、48時間以上同一患者を収容しないよう努め、地域の通院・往診を目的とする医療施設」と医療法によって定められているが、立地する地域によって診察科目や施設の意味合いが少なからず違ってくる。大都市近郊の住宅地では、内科や小児科など診療科目を併記したホームドクター的な診療所が多くなる。一方、都心部では単科専門であったり、近隣企業の提携医を兼ねることが多い。ニュータウンのような計画された都市では、生活関連施設として計画的に配置し、入院は地区の中心病院が行うシステムを採用している。

① 敷地選定・配置計画

医療施設は公共施設の一端を担っていると考え、交通の便や近隣への配慮が必要である。必然的に外来用および救急車の駐車スペースも考慮すべきである。併用住宅の場合、建物への動線は、住宅部と診療所を分離する必要がある。雑居ビル等の場合も、診療所玄関へ至る廊下

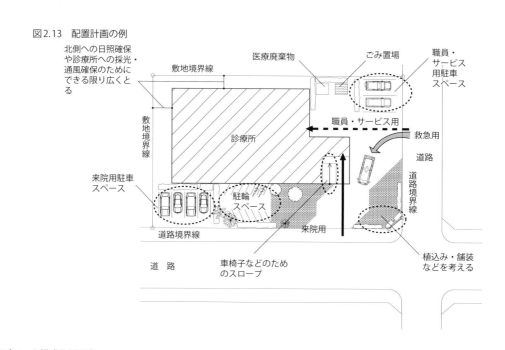

図2.13 配置計画の例

図2.14 診療ブロック構成と所要室

ブロック名	関係諸室	診療科目	所要室
監理ブロック	管理関係諸室	（共通）	玄関、待合ホール（待合室）、中待合コーナー、プレイルーム、外来便所、受付・事務室、薬局[1]、投薬室[2]、薬品庫、院長室、応接室、医局、色直室、ロッカー休憩室、守衛室、通用口など
診療ブロック	診察・処理関係諸室	内科・小児科	診察室、処置室、救急処置室、心電図室など
		外科・整形外科	診察室、処置室、救急処置室、理学療法室、物療室、ギプス室、器具庫など
		産婦人科	診察室、処置室など
		歯科	診察室、技工室、消毒室など
		眼科	診察室、処置室、暗室など
		耳鼻咽喉科	診察室、処置室、無響室など
	検査関係諸室	（共通）	X線撮影室、X線操作室、暗室、一般検査室、採尿室、生理検査室、内視鏡室など
	手術・分娩関係諸室	外科・整形外科	手術室、前室、消毒室、回復室、器具庫など
		産婦人科	分娩室、陣痛室、回復室、沐浴室など
病室ブロック	入院関係諸室	（共通）	病室、ナースステーション、シャワー室、浴室、洗面室、湯沸室、便所、洗濯室、乾燥室、娯楽室など（産婦人科では、授乳室、沐浴室、新生児室、調乳室など）
	給食関係諸室	（共通）	厨房、配膳室、食品庫など
サービスブロック		（共通）	ボイラー室、機械室、電気室、リネン室[3] など
その他			

1) 専属の薬剤師がいる場合
2) 薬剤師のいない場合
3) シーツ、枕カバー、タオルなどを保管する部屋

も明確な分離を指導されることが多い（自治体条例による）。なおかつ診療所内でも、患者と職員・サービス動線は、衛生的にも分離すべきである（図2.13）。

②平面計画

診療所は基本的に、ⅰ）管理ブロック、ⅱ）診察ブロック、ⅲ）病室ブロック、ⅳ）サービスブロック、ⅴ）医師の住宅などからなる。診療所のブロック構成と所用室一覧を図示する（図2.14）。

③動線計画

院内の動線には、患者・医師・看護師・カルテ・見舞客・サービス（食事／リネン）などがあり、各動線が交差しないように計画する。また、カルテ移送経路は最短距離とするのが理想だが、受付・事務・投薬室を連携して計画すべきである。配膳やゴミ収集の動線は、衛生にも留意してほかと分離するのが望ましい。

④設備計画

空調方式は、諸室の使用目的（手術関係諸室とその他）や使用時間（連続使用か断続使用）、方位を考慮して空調のゾーニングをするが、マルチユニット方式は個別制御が簡易であり、小規模な診療所に適している。給水使用量は、1床当たり200～300ℓ程度で、外来患者の場合は一人1日当たり10～30ℓ程度である。排水には、一般排水と医療排水を計画する必要がある。医療排水には、ⅰ）薬品排水（検査室や調剤室）、ⅱ）外科におけるギプス用のプラスター排水、ⅲ）産科の内診台からの排水、ⅳ）アイソトープを診療目的に使用する室からの排水、などがあり、特に薬品排水は酸・アルカリ・重金属類の排水で、中和・凝集・沈殿・濾過するための浄化槽が必要である。

⑤管理関係諸室

ⅰ）玄関・待合ホール：扉の幅は、車椅子やストレッチャーを考慮して90cm以上とし、それらを置く場所も考慮する。近年は、下足のまま院内移動をするのが一般的だが、上足に履き替える場合は玄関に十分なスペースを考慮する。待合ホールは30～40㎡程度必要であり、外部からのプライバシーを守り、不安な気持ちを落ち着かせるよう工夫する。便所が近接していて、ビデオなどの医療情報を取得しやすい工夫や、子供用のプレイコーナーを計画することが望ましい。椅子は玄関に対面しないようにすべきである。また、通路の幅は入院施設（9床以下は適用外）がある場合、1.8m以上（両側居室で2.1m以上）等の規定がある。ストレッチャーやワゴンを運搬するために段差がないことが望ましい。

ⅱ）受付・事務室・投薬室：診療所では、受付業務が事務作業の大半である。また、昨今は院外薬局が主流だが、院内にある場合はカルテと患者の動線を考慮し、投薬室や診療室に近接して事務・受付を計画する。投薬室（薬剤師が常駐する場合は薬局と呼ぶ）は7～10㎡程度で、法令などにより薬品庫の設置と施錠が必要で、換気設備なども求められる。その他、水薬用流しや作業台、手洗い器、調剤台、薬品棚、冷蔵庫なども設置する（図2.15）。

ⅲ）医院長室・応接室：小規模診療所では、医院長室兼応接室の場合（15～20㎡程度）が多いが、医院長室は研究や調べ物を行う場所でもある。

ⅳ）外来便所：身障者対応の便所が基本であり（図2.16）、採尿便所を兼ねる場合は検査室に隣接させ、採尿コップの受渡しをする小窓や棚とナースコールも必要である。

⑥診察・処置室関係諸室

ⅰ）内科：最も患者数の多い診療科である。待合スペースと診察室の間に予診や脱衣準備のための「中待合コーナー」を設ける場合がある。診察室（10～15㎡）では、問診・視診・聴診・打診・血圧測定や各種の検査結果に

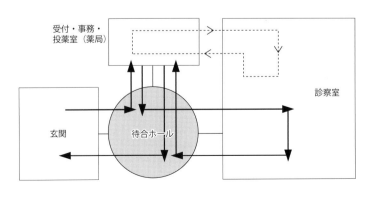

図2.15　カルテと患者の動線

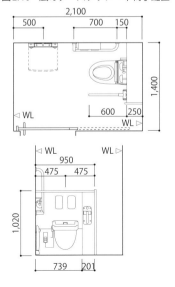

図2.16　広めブースプラン・車椅子配置

設計・計画　25

よる診断を行う。処置室（10〜20㎡）では、注射や採血、使用済み医療器具の洗浄滅菌を行う。小規模診療所では、検査室や点滴室を兼ねる場合も多い（図2.17）。
ⅱ）小児科：内科に準じた診療・処置を行うが、水痘やはしか等の伝染性疾患も多いので、隔離待合室や隔離診察室があるとよい（図2.17）。
ⅲ）外科・整形外科：内科に準じた診察室（12〜15㎡）で診察を行うが、処置室は切開や縫合・包帯交換・ギプス固定などを行うので、広めのスペースが必要である（15〜20㎡）。また、ギプスの交換には、専用のシンクが必要である。整形外科では、物療室（理学療法室）があり、機器のサイズにより部屋サイズを計画する。
ⅳ）産婦人科：婦人科と産科を併せもった診療科であり、婦人科では診察室（外診室）と内診室が必要である。診察室では胎児の状態を調べるために超音波診断装置も使用するので、診察台まわりに十分な広さを確保する。また、採尿室・更衣コーナー・回復室なども隣接する。不妊治療を行っている医院では人工授精室などを設けている。分娩部では、陣痛室・分娩室・新生児室・授乳室・沐浴室などで構成される。お産の負担を軽減するために陣痛・分娩・回復の流れを一室で行うことができるうえ、家族の付き添い、宿泊ができるLDR室の計画が多くなってきているが、維持管理に手間がかかるため、回復は病室で行うLD室という場合も多い（図2.18）。
ⅴ）歯科：診療室には個室型と開放型診療室がある。診療チェアと診療ユニットを備えることが基本だが、開放型では消毒用キャビネットを1カ所で計画する場合が多い。その場合は、歯科医やスタッフの動きが複雑なため、診療チェアの足元から患者が入れるような、動線分離が望ましい。その他、予防コーナー（歯の矯正、美容、予防指導）、X線室、技工室などを用意する。技工室にはプラスター専用シンクと、鋳造用の電気炉等が設置される。

⑦その他関係諸室
ⅰ）X線撮影室・MRI室：内科・外科系のX線撮影室は、X線漏洩を避けるため、壁・床・天井ともコンクリート厚15㎝で覆われ、扉は鉛板張りとした個室とすることが求められる。機器はベッドサイズのものが置かれ、25㎡程度は必要である。同じようにMRI（磁気共鳴診断装置）室も、金属類の影響を避けるために磁気シールドを施工された個室を計画する。どちらも、隣接する操作室との壁には内部を確認できる操作窓を必要とする。
ⅱ）手術室：診療所では大規模な手術は行われないが、清浄度等を確保するため一般部と隔離し通過交通のない、ほかの動線と区分された場所とする。手術部は二重壁として、薬品庫や保冷庫などの収納を埋め込み、埃たまりをつくらないよう計画する。空調機は単独として室内気圧を正圧とし、汚染空気の流入を防ぐ。手術室の入口は前室を設け、清潔区域を担保する。さらに近接した消毒室を計画し、機材の洗浄・滅菌・保管を行う。

図2.17　診療・処置室内の動線計画例（岡野クリニック/関根裕司/アルボス）

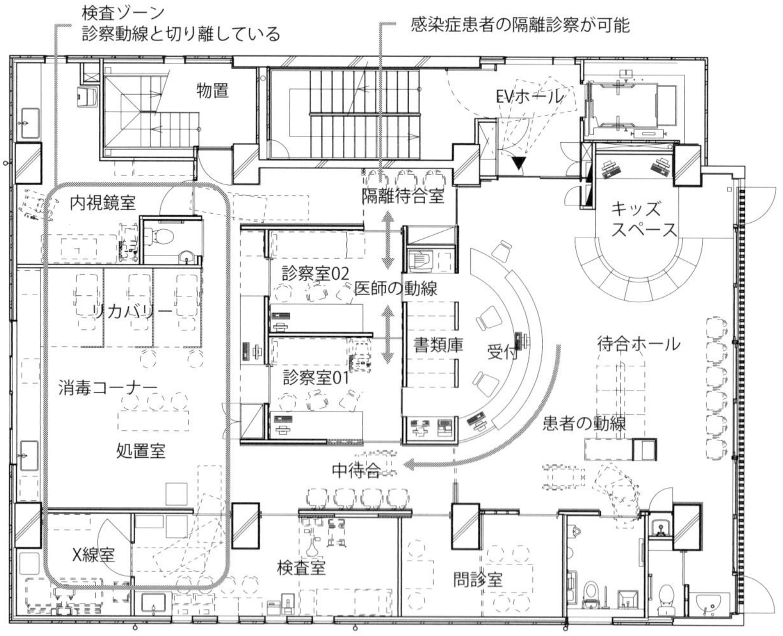

iii）病室：外来患者と入院患者の動線は分離すべきであるが、医療法により19床が最大である診療所は、1階は外来患者、2階に入院患者といったように分離されることが多い。さらに、上階に50㎡以上の入院施設がある場合は、直通階段を2以上配することが求められる。病室のサイズは、医療法により個室は6.4㎡以上、2床以上の病室は4.3㎡/床以上と定められており、小児だけの場合はその2/3の面積が最小であるが、ロッカー配置やプライバシーを考慮し6〜8㎡/床が望ましい。

iv）ナースステーション：病室のある診療所は、看護師の業務は24時間体制であるため、専用の洗面所、シャワールーム、便所、仮眠ベッド、更衣室を考慮する。これらを除いたナースステーションの面積は10㎡以上を計画する。

図2.18　LDR室のある産婦人科の例（近藤産婦人科／木原千利設計工房）

2階平面図　1／200

【コラム④】

動物病院

　1990年から2005年の間にペット数はほぼ倍増しており、2003年以降は子供の数を上回っている。同時にペット関連事業も増えてきており、アニマルセラピー（動物に触れ合うことで生まれる癒しの効果を利用してリハビリに取り組む高齢者や、難病で苦しむ子供たちへの精神的な療法）といった業種も存在する。しかしながら、建築用途では「サービス業を営む店舗」に分類され、すべての用途地域に建てられる診療所とは異なり、第一種低層住居専用地域や第二種低層住居専用地域等には建築できないなど、ペットと人間の関係が深まっていく昨今ではあるが注意されたい。

　併用住宅としてはペットカフェ（猫カフェ）や動物病院も考えられるが、近年ではペット数の増加にも歯止めがかかり、動物病院についても細分化が進んでいる。猫専門といった動物種族の分化ばかりでなく疾患による分化も見られ、循環器系専門の動物病院といったように、人間と同じく高齢化による疾患治療が見直されている。一般的な動物病院の計画は、やはり人間の医院計画と同様に、待合室、診察室、処置室、手術室、レントゲン室が基本的だ。ただ、各部屋が小さく仕切られていることが大きな特徴で、多機能が必要であると同時に、ペットの逃走阻止、他種からの隔離・緊張の緩和等が理由である。その他、診察台が昇降式であったり、入院室は防音に配慮するなどペットの種類やサイズが千差万別であることを考慮した設計が必要となる。

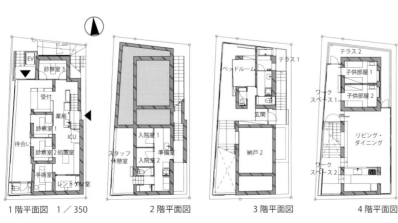

高津の動物病院（abanba）。写真上は住宅へのアプローチ、下は動物病院の待合室

❸ 物販店併用住宅

表2.2は総務省が示す日本標準産業分類の小売業の分類である。物販店併用住宅としては、これらの多くに対応可能であり、想定される業種は多岐にわたる。また近年は店舗のデザインも多様な展開をしている。ここでは多くの物販店舗に共通する事項を取り上げ、その概要を述べる。各業種の設計に必要な物品、空間、法規関連等についてはそれぞれ別途確認されたい。

①各部分の計画

図2.19は、一般的な物品販売業態の部門と必要空間を示したものである。各部門と部分の計画ポイントを以下に示す。

直接営業部門はエントランスのある導入部分、店舗の中心空間である売り場部分、その付帯部分からなる。

エントランスは店舗の顔でありその店の印象を決める。基本的には客が入店しやすく、かつ出やすいことが望まれる。不特定多数の客や若者を対象とする店舗は導入部分が開放的で店舗の中の様子がわかるとよい。一方特定の客に対応する店舗の場合は、閉鎖的なデザインによって固有の空間である雰囲気を演出する方法もある。前者の場合、導入部分にはエントランスと同時に商品展示機能も期待される。通りを歩く客を店内に誘導するための重要な接続空間である。かつてはいわゆる箱形のショーウィンドウが設けられることが多かったが、近年においては、店舗内全体でショーウィンドウ効果を図る店が増えた。つまり、店舗内の様子をうかがいながら、販売商品を確認できるデザインが多く見受けられるようになった。

売り場部分は店舗の主要空間であり、客が回遊できる動線をつくり、見通しや視線の動きにも注意して計画する必要がある。ディスプレイにおける垂直方向の区分を図2.20に示す。図中Ⅱゾーンの中央付近（床面より概ね70〜140cm）はゴールデンスペースと呼ばれる。これは客が最も商品を見やすく手に取りやすい高さとされる。この範囲に重点的に販売したい商品を配置するのが効果的である。この商品の高さによる手に取りやすさを示したものが図2.21である。手に取りにくい高さは、通常商品ストックなどに利用されることが多い。

付帯部分は客待や化粧室・便所が分類されるが、滞在時間が短い物販店舗においては、必ずしも必要であるとは限らない。店舗の業態によって要・不要を判断する。

また併用住宅の間接商業部門は、小規模な場合は他と兼用あるいは省略される空間もある。ただし、店舗機能として商品ストックスペースなど必要空間が確保できないと、住居部分にそうした空間が溢れ出る可能性があるので注意が必要である。

②売り場部分の什器

売り場には一般的に商品の陳列、レジ・包装台、接客カウンターなどの什器が設置される。客が腰を下ろせるソファや椅子を用意する場合もある。業種によって必要

表2.2　日本標準産業分類（平成25年10月改定）分類項目名（総務省）

中分類	小分類	
	No.	業種
56 各種商品小売業	561	百貨店、総合スーパー
	569	その他の各種商品小売業（従業者が常時50人未満のもの）
57 織物・衣服・身の回り品小売業	571	呉服・服地・寝具小売業
	572	男子服小売業
	573	婦人・子供服小売業
	574	靴・履物小売業
	579	その他の織物・衣服・身の回り品小売業
58 飲食料品小売業	581	各種食料品小売業
	582	野菜・果実小売業
	583	食肉小売業
	584	鮮魚小売業
	585	酒小売業
	586	菓子・パン小売業
	589	その他の飲食料品小売業
59 機械器具小売業	591	自動車小売業
	592	自転車小売業
	593	機械器具小売業（自動車、自転車を除く）
60 その他の小売業	601	家具・建具・畳小売業
	602	じゅう器小売業
	603	医薬品・化粧品小売業
	604	農耕用品小売業
	605	燃料小売業
	606	書籍・文房具小売業
	607	スポーツ用品・がん具・娯楽用品・楽器小売業
	608	写真機・時計・眼鏡小売業
	609	他に分類されない小売業
61 無店舗小売業	611	通信販売・訪問販売小売業
	612	自動販売機による小売業
	613	その他の無店舗小売業

※小分類「管理、補助的経済活動を行う事業所」を除く

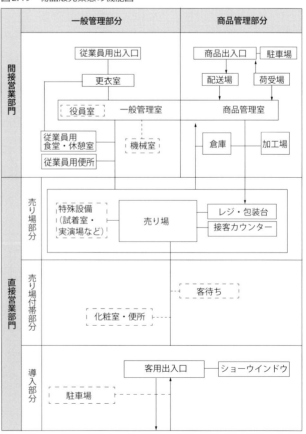

図2.19　物品販売業態の機能図

な什器は異なるが、一般的な什器の特徴を以下に記し、その標準寸法と事例を図2.22〜2.26に示す。

ⅰ）壁面什器：他の什器と異なり、安定させるために固定される。ただし商品構成の変化や消費傾向、流行の変化に対応するため可動式の棚などを用いることによって多目的利用が可能になる。高額商品や高い位置の壁面棚にはガラスが付けられることがある。

ⅱ）カウンターケース：対面ショーケースともいう。上部が商品を陳列できるガラスのケースになっており、アクセサリーや貴金属などのディスプレイに用いられる。カウンターケースを挟んで客とのコミュニケーションを図ることもできるため、接客カウンターとして使用されることもある。

ⅲ）レジカウンター：客と向き合い支払手続きを行う。店頭付近に置かれる場合（図2.22）と奥に設置される場合（図2.23）がある。前者は購買決定のための空間が店舗空間全体であるもの（日用品や食料品、書籍、文具など）であり、後者は購買決定の場が接客空間となるような業態（家具、衣料品、服飾用品、宝飾、時計など）である。

ⅳ）接客カウンター：前述のように購買決定の場を店舗奥に配置する業態の場合、入口から客が店内を回遊しレジカウンターまで向かう動線を考えなくてはならない。その際、購買決定の場となるのが接客カウンターである。カタログによる仕様の確認や、色違い商品の比較など店員と直接向き合い、商品を確認する。客の荷物置き場の確保や着座の必要性なども検討する（図2.24）。

ⅴ）包装カウンター：接客カウンター、レジカウンターの近くに設置する。取り扱う商品によって必要な大きさは異なる。包装紙や梱包用品を置く場所も確保する必要がある。小規模店舗ではレジカウンターや接客カウンターが兼用される場合も多い。

ⅵ）ワゴン：可動式の陳列棚として特売商品や季節商品の展示販売に便利である。移動によって販売スペースをつくり出すことができ、手軽に売り場空間に変化を与えることができる。ただし、こうしたワゴンにはロスリーダー商品（集客のために損を覚悟で安価で販売される商品）が扱われることが多く、それらが店舗の雰囲気に影響することがある。

ⅶ）フィッティングルーム：衣料品店では試着用のフィッティングルームが必要である。建築工事で設計される場合もあるが、既製品が置かれる場合もある。いずれの場合も最低90cm四方の面積が必要であり、内部に鏡を設置する。スペース内は明るく、冷暖房が効くことが必要である。また内部に手荷物が置けるスペースや客の着衣を掛けられるスペースがあるとよい。

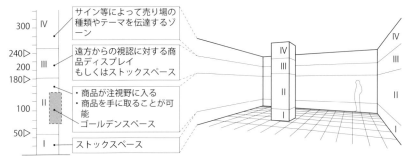

図2.20　ディスプレイにおける垂直方向の区分

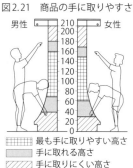

図2.21　商品の手に取りやすさ

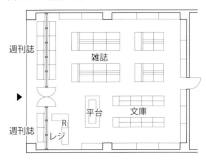

図2.22　書店の例

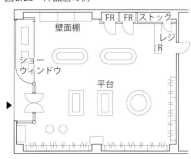

図2.23　洋品店の例

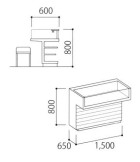

図2.24　接客カウンター寸法

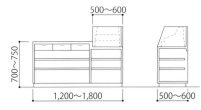

図2.25　レジカウンター寸法

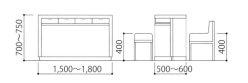

図2.26　腰掛用カウンター寸法

設計・計画

❹ 飲食店併用住宅

飲食店は、客エリアと管理エリアに大別されるが、座席数と売上げがリンクするため、小規模な飲食店では効率よく計画すると同時に厨房面積をコンパクトにして、できる限り座席配置を確保することが求められる。しかし、座席の距離が近接した居心地の悪い客席は、自ずと客足が遠のき、売上げに影響するため、経営者との密な打合せが必要である。一般的な面積比率は厨房：客席＝1：1.5～2である。客席形式には、①立席、②カウンター席、③テーブル席、④座敷席、⑤個室などがあり、厨房形式には、①開放型、②半開放型、③開放・閉鎖型、④閉鎖型がある。一人当たりの面積数値が多くなるほど、高級飲食と捉えられ、客の滞在時間が長くなる（表2.3）。しかし、昨今では、小規模なスペースで、高級レストランと同等な料理を立食でリーズナブルに提供する店舗が現れてきている。高級レストランは敷居が高く、一人で訪れるには抵抗があるが、気軽なスタイルの"立食い"が、新たな客層を開拓しているようだ。業種による客席の所要面積と厨房の面積比率を表2.4に示す。また、食品衛生法により、厨房内には従業員の手洗い設備・消毒設備および2槽以上の洗浄設備、客席空間には手洗い消毒設備を設けることが義務づけられていることにも注意が必要である。そのほか、各所要室の面積目安を表2.5に示す。

①客席空間

客席空間では、入口から客席までの「客動線」と厨房から客席までの「サービス動線」に注意する。客動線とサービス動線は、ある程度交わることは避けられないが、なるべく不必要な交差を避ける。客へのサービス動線では、スムーズにサービス活動が行われなければならないが、高級店ほど雰囲気を創出するために変化をもたせた客動線を演出する。また小規模な店舗では、客用トイレが厨房に近接した計画となることが多いが、厨房内を見せないような工夫が必要であろう。客席形式には前述のように5種類ほどが考えられ、テーブル席ではフレキシブルに人数対応が可能で、空席率を低くすることができる。例えば、4人テーブル席を計画する場合、2つに分割できるようにすると、1、2人の少人数客にも対応できるし、壁際の席では、ソファベンチとすることでフリーアドレスとなり客席の可変に対応しやすい（図2.27）。そのほか、カウンター席では従業員と客との視線の高さを考慮する（図2.28）。レジカウンターは出入口付近に設けることが一般的で、クロークが必要な場合は、その直近に計画する。

②管理空間

厨房を主とした、いわゆるバックヤード（管理空間）

表2.3 客席形式と厨房形式の関係

客席形式＼厨房形式	開放型	半開放型	開放・閉鎖型	閉鎖型
立席	大衆的 →			
カウンター席				
テーブル席				
座敷席				
個室			→ 高級	

表2.4 客席の所要面積と厨房の面積比率

業種名	客席の所要面積 客1人に対する床面積［m²/人］	客席の所要面積 収容人数［人/m²］	厨房の面積比率 厨房面積／店全体床面積［%］
喫茶店	0.8～1.4	0.7～1.3	14～18
軽飲食（喫茶＋軽食など）	1.0～1.3	0.8～1.0	17～21
料理飲食店（レストラン、日本料理）	0.8～1.7	0.6～1.3	24～35

表2.5 所要室の広さ

	所要室	喫茶室	レストラン
客席空間	客席	1～1.2m²/人	1.2～1.5m²/人
客席空間	待合コーナー		2～5m²/人
客席空間	レジカウンター	2.5～5m²/人	
客席空間	手洗いコーナー	小手洗い器のみ	
管理空間	厨房（配膳を含む）	客席面積の25～30%	
管理空間	食品倉庫	厨房の20%程度	
管理空間	従業員室	3.5～6m²	
その他	客用便所	2～4m²	

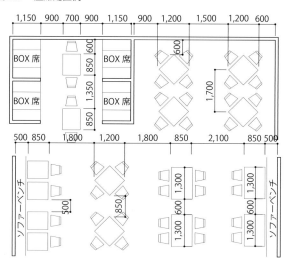

図2.27 座席配置例

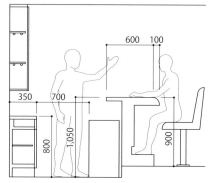

図2.28 カウンター席の寸法

には、倉庫や従業員室、配膳室などがある。管理空間での動線は、搬入→保管→調理→配膳の経路を注意し、外部から直接厨房に入らないような工夫や、厨房の床を清潔に保つような設備を設けるなど、衛生面でも注意が必要である。また、厨房は効率性が最も重視されるが、機器の配置だけでなく動作空間についての計画も十分な打合せが必要であろう。特に配膳スペース（パントリー）も、客席が多いと混雑するので十分なゆとりを確保する。厨房形式には、表2.6のように4タイプが考えられ、基本的には客を厨房に立ち入らせないが、昨今では、調理作業を演出として見せるオープンキッチンの高級店がある。しかし熱や煙、におい、音などの印象は想像以上に強いため、厨房とカウンター席をガラスで仕切るなど、厨房からの料理の提供は閉鎖型とすることに注意する。そして何より、飲食店は汚れやすい用途であるが故に、清潔であることが求められる。そのために客側とサービス側といった表裏の関係を重視し、清掃しやすいレイアウトや素材を十分考慮することも必要である。

③飲食店併用住宅の事例

図2.29の住宅部は2階が主であるが、1階では料理店を通った先に子供室があるなど、兼用スペースが多々見受けられる。地方におけるコミュニティが強い地域での併用住宅と言えるであろう。図2.30は都市部の短冊状敷地にある天ぷら料理店。敷地前後に道路が接道しており、店舗と住居動線が、明快に分離されている。細長い店舗空間でありながら、大衆的なカウンター席を設けず、オープンキッチンであることで、客と店員のコミュニケーションを重視したつくりとなっている。

図2.29 ぷーさん食堂（服部信康建築設計事務所・名和研二／なわけんジム）

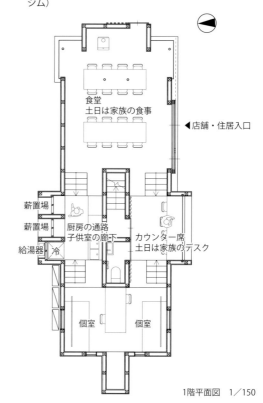

1階平面図 1／150

表2.6 厨房の形式

形式	略図	特徴
開放型	厨房／カウンター	・厨房内部が客席側から見通せるカウンター式の厨房 ・調理品を直接客に提供しやすいためサービスの省略化が図れる
半開放型	厨房／配膳カウンター	・配膳用カウンターを客席部分に接して設け、調理品の出入れを行う形式 ・出入口から厨房内や客席の様子が互いにわかる
開放閉鎖複合型	開放型厨房／閉鎖型厨房／カウンター	・開放型のカウンター厨房と閉鎖型の仕込用の厨房や一般の厨房を組み合わせた形式 ・調理品の内容により、厨房を使い分けることができる
閉鎖型	厨房／パントリー	・厨房部分が独立または区画されていて、パントリー（配膳室）を通じてサービスを行う ・客席部分から厨房部分が見通せないため、店内に落ち着いた雰囲気を必要とする業種に適する

図2.30 L×4（川島鈴鹿建築計画）

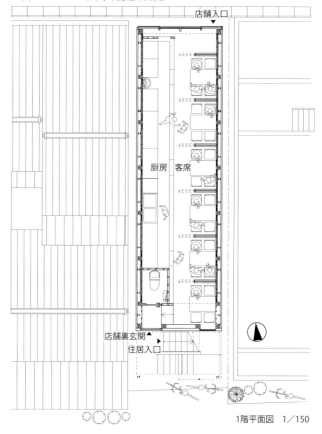

1階平面図 1／150

設計・計画 31

5 美容院併用住宅

美容とは姿を美しく整えることである。現代の美容院（美容所、美容室ともいう）に求められる機能としては、整容・理髪だけでなくネイルサロンやエステサロンといった多様な内容がある。設計にあたってはまず提供するサービスメニューの確認をする必要がある。それは施術の種類や客の回転数、価格の設定に影響し、店舗デザインそのもののコンセプトづくりに直接関係する。

①法規制

美容院の開業にあたっては開設までに必要書類を提出し、保健所の検査を受けなくてはならない。そのため、所轄の保健所へ事前相談を行い、指示を仰ぐのがよい。東京都福祉保健局によって示されている開設に関する主な基準は表2.7の通りである。

②ゾーニングと動線

必要空間は大きく3つに分けられる。施術前後の居場所である待合ゾーン、施術のための作業ゾーン、そしてバックヤードゾーンである。動線計画はそれらのゾーンと客とスタッフ、施術にかかわる物品の関係について考えなくてはならない。図2.31は美容院のゾーニングと動線についての一例を示し、それぞれのゾーンにかかわる計画内容をまとめたものである。

客は前述の3つのゾーンのうち、待合ゾーン→作業ゾーン→待合ゾーンと移動する。作業ゾーンの中では一般的にシャンプー台とスタイリングゾーンを何度か往復することになる。クロスやタオルを身につけたまま移動することもあり、その動線は短く単純なほうがよい。ワゴンやパーマ、ヘアカラーに用いられる促進機など可動式の器具も多く、それらを設置したときの有効寸法の確保と使用時以外の置き場所も確保しておく必要がある。

また近年はシャンプー台の形式もサイド式（図2.32）のほかにリア式（バックシャンプー、図2.33）や移動式（図2.34）も供給されている。こうした機器の導入にあたっては単なる作業スペースだけでなく、シャンプー剤やタオルなど関連する備品の置き場や、ほかの客の使用スペースとの関係を考慮して決めたい。

③設備・給排水

美容院は大量の湯水を使う業務である。安定した給水・排水ができるようにしなくてはならない。加熱し適温になった湯を貯湯タンクとシャンプー機器の間で循環させることで常時適温の湯を供給できる仕組みをもつ給湯設備もある（図2.35）。熱源が電気式の場合は建物全体の電気容量にも注意する。必要水量の計算には、シャンプー機器とボイラーの組合せ、水道引込み口径および水圧を確認する。

表2.7　美容所の開設に関する基準等について（東京都福祉保健局）

美容師	美容師でなければ美容を業としてはならない（美容所の開設者は必ずしも美容師でなくてもよい）。美容師である従業者の数が常時2人以上である美容所の開設者は、当該美容所ごとに管理美容師を置かなければならない。
床面積	美容の業務を行う1作業室の床面積は13㎡以上であること（面積は内法により算定する）。
椅子の台数	1作業室に置くことができる美容椅子の数は、1作業室の床面積が13㎡の場合は6台までとし、6台を超えて置く場合の床面積は、13㎡に美容椅子1台を増すごとに3㎡を加えた面積以上とすること。
客の待合場所	作業室には、作業中の客以外の者をみだりに出入りさせないこと。作業前の客を作業室と明瞭に区分された場所（待合場所）に待機させる措置を講じること。
床、腰板	コンクリート、タイル、リノリュームまたは板等不浸透性材料を使用すること。
洗い場	洗い場は、流水装置とすること。
採光・照明・換気	採光、照明および換気を十分にすること。美容師が美容のための直接の作業を行う場合の作業面の照度を100lx以上とすること。美容所内の炭酸ガス濃度を0.5％以下に保つこと。
格納設置	消毒済物品容器および未消毒物品容器を備えること。
汚物箱・毛髪箱	ふた付の汚物箱および毛髪箱を備えること。
消毒設備	消毒設備を設けること（※消毒方法については細かな規程あり）。
その他	美容を行うために十分な数量の器具および客用の布片を備えておくこと。

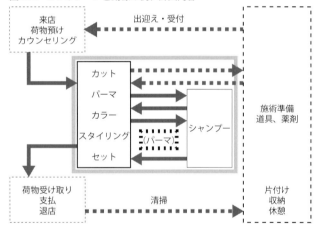

図2.31　3つのゾーンと動線の例、計画内容

ゾーン区分	計画内容
待合ゾーン	客が来店時、まず最初にかかわる空間である。必要物品は、椅子やテーブル、雑誌、美容関連商品のディスプレイ等である。施術までの時間が退屈なく過ごせる工夫が必要で、施術前後の荷物や上着の預かり・返却のために必要な収納スペースも確保する。
作業ゾーン／カット・スタイリングゾーン／シャンプーゾーン／コールドゾーン	施術の内容によって必要空間が異なる。標準的な施術としてはシャンプー、スタイリング、パーマ、カラー等がある。対応空間として、作業ゾーンはさらにシャンプーゾーン、カット・スタイリングゾーン、そしてパーマのためのコールドゾーンに分けることができる。和装着付けに対応する場合は専用の着付け室を設けるか、一時的に仕切ることのできる空間が必要となる。
バックヤードゾーン	スタッフのロッカーや休憩用のスペースと必要な家具、事務機器等が設置される。器具の消毒用設備やゴミ箱（毛髪、汚物）、タオル・ガーゼ（未使用・使用済みの区別）等は、バックヤードゾーンに置かれる。バックヤードゾーンからはゴミやリースタオルの搬出入等荷物の移動が生じる。これらが客動線と交差しないような計画が望ましい。

→ 客動線　　・・→ 美容師・スタッフ動線

空調についてはサービス業であることから客の快適性を優先して考える。美容院にはドライヤーや促進機、湯水の使用など空調以外にも熱源があり、椅子に座った姿勢の客と動き回るスタッフとでは体感温度にも差が生じる。客の顔や頭皮に直接空調の風があたらないよう吹出し角度にも注意する。

照度は800〜1,000lxは必要である。近年リラクゼーション効果を重視し、店内を暗めに設定し作業用に手元に補助照明を設置する例もあるが、作業効率や安全性から考えれば店内全体が均一な明るさを確保していることが望ましい。ヘアカラーなど色彩を扱う業務でもあるので、光源の色にも注意したい。

また美容院にはパーマ液やスプレー、整髪剤など様々なにおいが混在するため、十分な自然換気ができる開口部を確保したい。

④内装

床材については保健所の規定として浸透性のない材料としなければならない。毛髪が詰まったり、薬品が浸透しないよう常に衛生状態を確保しなくてはならない。またキャスター付き物品の移動を考えると、平滑な床材であることが望ましい。ただし大理石や大判タイルなど濡れて滑りやすくなる材料には注意が必要である。タイル目地のモルタル部分には薬品が浸透しやすいことも留意点である。さらに石材やタイルのように堅い材は長時間の立ち仕事である美容師の足の疲れを増幅させ、道具を落とした際破損の可能性も高めることになる。

壁面仕上げについては、腰高までは床材同様保健所の規定によって浸透性の少ない材料とされている。消毒設備、ヘアカラーを行うスペースについては汚れを落としやすい材料が選ばれる。

美容院に必要不可欠な鏡の設置位置についても注意が必要である。インテリアとしての鏡は、そのスペースを広く見せてくれる効果もあるが、思わぬ部分を映し出すこともある。美容院においてはバックヤードゾーンが客から見えないことはもちろんであるが、客同士の目線が交錯しないように計画することもポイントである。

⑤道具と収納

美容院では非常に多くの道具、物品の収納が必要であ

図2.32 美容院の平面図例（一級建築士事務所CLIP）

図2.35 給湯システムのイメージ

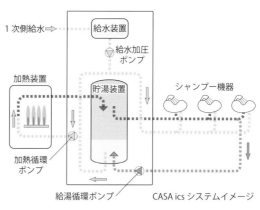

図2.33 リア式シャンプー台の例

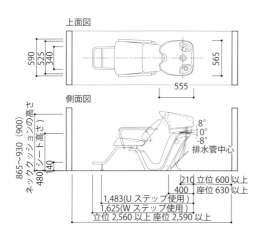

図2.34 移動式シャンプー台の例

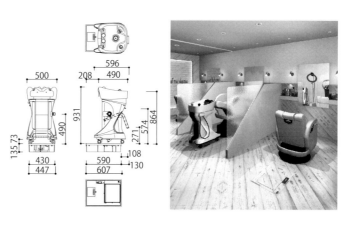

設計・計画 33

る。道具類の多くは大きさや形も異なり、比較的小さな物が多い。それに対し、機器類は促進機など大きな物が店内を移動する。それらが効率よく使用でき、かつ安全が確保されることが必要である。薬品や刃物の管理には特に十分な注意が必要である。また使用済みと未使用タオルの区別なども明確にし、衛生面にも注意する。

⑥その他

美容院では施術内容によって長時間の滞在となる。客が利用できる便所の設置は必要不可欠である。

⑦美容院併用住宅の事例

図2.36は美容院と住居部分の区分を平面的に分けた例である。南北にやや細長い敷地に対して、店舗と住居は異なる入口をもち、建築としても明確に区分されているが、2者は中央部に設けられた中庭によって空間として繋がっている。この中庭によって施術中でも鏡に映り込んだ中庭の外光を感じることができる（図2.37）。美容院の客が待合室・カットスペース・シャンプースペースへと移動する際や、住居で玄関から廊下を経て各室に進む際に見える中庭は、異なる表情を展開する。

図2.38は、1階を美容院、2・3階を住居とし立体的に分けた例である。店舗と住居は異なる入口によって分けられ、2者の共用空間はない。建築面積55㎡ほどのコンパクトな平面にカットスペース、シャンプースペース、待合、フィッティングルームを効率よく配置している。美容室カットスペース上部に設けられた吹抜けや住宅内のロフトが立体的な空間構成を創り出している。

白い外装と丸窓による建築デザインは商店建築として印象的である（図2.39）。

図2.38　TOWER HOUSE 平面図（木村博昭／Ks Architects）

図2.36　COUMA＋house H 平面図（吉村寿博建築設計事務所）

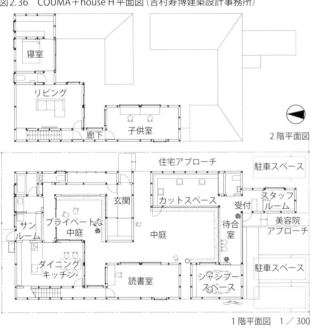

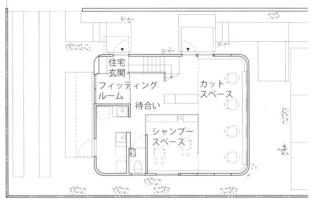

図2.37　COUMA＋house H カットスペースの鏡に映り込んだ中庭

図2.39　TOWER HOUSE 外観（左）、美容室内観（右）

❻ ホール・ギャラリー併用住宅

私設のホールやギャラリーは、同時に小規模の多目的スペースである場合が多く、様々なコミュニティを形成する場となり得る。つまり、住宅にとっては応接スペースとも考えられるが、来訪者にとっては物を見たり活動したりといったアクティブなスペースで、他人との交流も目的のひとつである。

工房やアトリエで創作活動する陶芸家や画家が、ギャラリーを併設する場合も多いだろう。自作を他人に評価してもらいたいといった動機から販売へといった流れは自然でもある。さらにはレンタルスペースとして考えると、物品販売を考える人たちにとっては起業のための試験的スペースにもなり、開かれた屋外空間があれば、町ゆく人を誘引する重要な空間にもなる。内部と外部を一体使用できるようにすれば、さらに大きなイベントが可能だ。単純に人が集まれば地域活動の場として、自然発生的な町のコミュニティを補完する施設となるだろう（図1.28 参照）。

①ホールとしての設備

ホールでは、多用途に対応できる設備が必要とされる。スクリーンや白板・遮光カーテン・ライティングレール・ミニキッチン、そして十分な天井高さ、更衣室・大きな収納空間・客専用便所等は必需だが、主体用途によって、多少なりとも設備が異なってくる。演劇やダンスを主体としたホールでは、壁面の大きな鏡やダンスバーが（図1.32 参照）、ミニコンサートなどの場合は、音響設備や遮音性を考慮する（図1.23 参照）。

またダンスや武道・球技などの室内競技の場合は、床の衝撃を軽減するための「浮き床」の考慮も必要であろう。演劇の練習では、舞台空間を再現できる7×4間が標準であるが、その他の空間サイズとして図2.40、図2.41を参照されたい。

②ギャラリーとしての設備

絵画を鑑賞する視距離は、対象画面の対角線の1〜1.5倍程度といわれている（図2.42）。展示空間において自然採光が見直されている近年でも、直射日光が展示物

図2.40 小演奏スペース

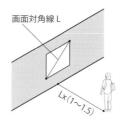

図2.42 絵画などを鑑賞する視距離

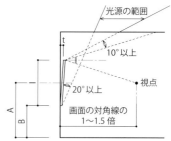

図2.43 壁面展示物の照明位置

A：展示中心高
縦寸法 1.4m 以下の絵画は 1.6m
B：展示高下限
縦寸法 1.6m 以上の絵画は 0.9m
t/l：小型の絵画は 0.03m 以下、
大型の絵画は 0.03m 以上

図2.44 展示物の基本的見せ方

展示物の見える面	観客の視線角度				
	水平角		ふ角		仰角
一面	展示壁	展示台 ウォールケース	床置台	ショーケース	小壁
多面	展示台	立てケース	置台	独立ケース	つり物

図2.41 室内競技場のサイズ

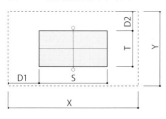

（単位 mm）

競技種目	コートサイズ (S×T)	全体 (X×Y)	D1：D2	天井高
柔道	9×9	15×15 程度	3：3	4.5 以上
剣道		(12〜14)×(12〜14)		4.5 以上
スカッシュコート	6.4×9.753	左同		5.181 以上
卓球	2.74×1.525	12×6 以上		3.5 以上
バドミントン	13.4×6.1	17.4×12.1	2：3	8.0 以上
6人制バレーボール	18×9	24×15	3：3	7.0 以上
バスケットボール 小学生	22×12	32×20	5：4	7.0 以上

にあたることは避けるべきで、天空光となる北側採光を心がけるべきであろう。そして自然採光を補う人工照明は、演色性の良いものを選ぶべきであるが、グレア（眩輝）を注意して照明の配置をする（図2.43）。そのほか、展示方法としては、図2.44のようなものがあるが、その手法としては以下が考えられる。

ⅰ）パノラマ展示：広い視野を再現し、室内にいながら実景を体験させる手法。

ⅱ）ジオラマ展示：鉄道模型を代表とするような、展示物に立体的な臨場感を与える手法。

ⅲ）アイランド展示：彫刻のような展示物を、壁や天井を利用せずに配置することで展示空間を作り出す手法。

このほかにも、インスタレーション的に自由な発想で展示することもあり得るが、不特定多数の展示物を考慮する場合、展示空間自体が主張することのないよう、白い空間を基調とし（ホワイトキューブ）、様々な展示物の背景となり得ることを考慮するのが一般的である。

【コラム⑤】

街へ開放された併用住宅

　2階がパブリックアートの研究者の書斎兼住戸、1階がギャラリーとアーティスト・イン・レジデンスのスペースという特殊な併用住宅（dada house／北山恒＋architecture WORKSHOP）である。一見どこにでもあるブロック塀が1階の住戸を分割し、ギャラリーを街に開放するというプログラムだ。そのブロック塀の内側は、招聘されたアーティストが自由に芸術制作を行う場だが、時にはギャラリーとしても機能する。そして2階は、外壁に窓が全くないプライベート空間として成立している。パブリックとプライベート、オープンとクローズといった反転する空間が、この住宅の中で混在しており、まさにダダイズムを内包した住居となっている。

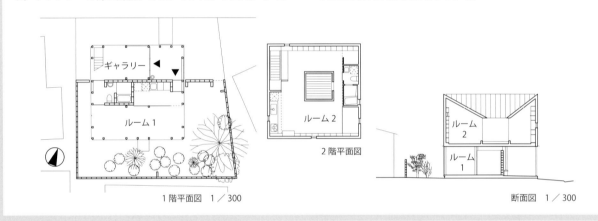

【コラム⑥】

月極駐車場の併用住宅

　住宅でも車庫を有するのは一般的で、車庫以外の延床面積の1/5までは、容積率に算入しなくて良いなどの緩和措置があるが、ここでは駐車場と住宅が対等な関係で成立している（Tの住宅／とのま一級建築士事務所）。地上の駐車場が敷地いっぱいに広がっており、上部に住宅を有するのは、上階と下階で併用部を分離する併用住宅の様式そのものだ。なおかつ人工地盤（設計者曰く"敷地"）上の住宅には屋上庭園を兼ね備え、プライベートな外部空間を確保している。戸建て住宅でありながら、ペントハウス的な空間を併せ持った住宅形式は、都市住宅の新たな試みともいえる。

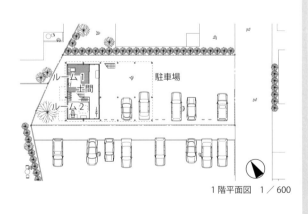

3 設計事例

2000年・東京都港区　　　　　　　　　　　　　　　北山恒 + architecture WORKSHOP

オムニクォーター

　東京表参道、青山通りと言えば日本を代表するショッピングストリートである。そこから横道に逸れると小規模な店舗や住宅が並ぶ裏青山と呼ばれるエリアとなる。

　オムニクォーターは「都市に住む(棲む)」ことを目的として設計された地下1階、地上4階の複合ビルで、1・2階はテナント用のスペース、3・4階に住居、地下1階に施主のアトリエとギャラリーが設けられている。

　建物の南側には巨大な吹抜けと階段があり、各室を結ぶ動線となっている。設計者はこの階段室を「第2の外部空間」と記述し、この空間の存在によって建物の内部が直接的に都市に繋がるという。つまり、この空間の存在によって日常的に裏青山の街を感じることができる。またこの吹抜けは住居と店(テナント、アトリエ・ギャラリー)を繋ぐ空間でもある。地階の階段下から見上げると、各階を繋ぐ階段のグレーチングを通して外光が差し込み、そこを行き来する人の気配を感じることができる。さらにこの吹抜け空間は、地下室の地熱を利用した建物全体の気候調節を行う装置が組み込まれていて、過密な都市空間において、温熱環境をコントロールする空間として機能している。

　都市空間との繋がりを意識し、環境にも配慮したその設計手法は、都市に住むことに対するひとつの最適解を示している。(文責・編集担当委員)

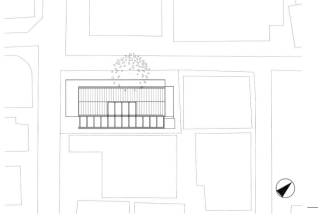

配置図　1/800

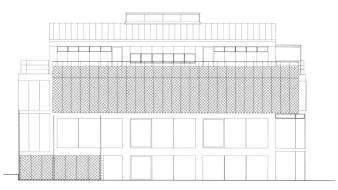

北西側立面図　1/300

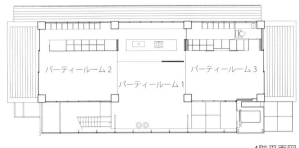

4階平面図

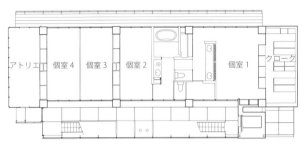

3階平面図

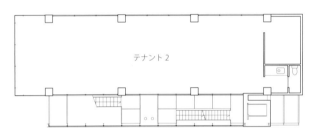

2階平面図

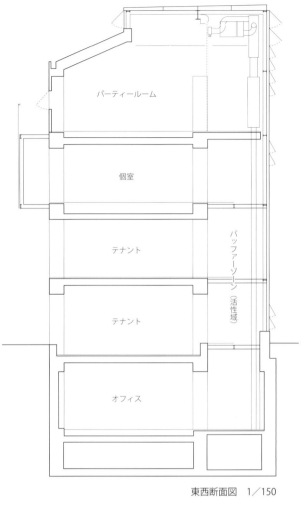

東西断面図　1/150

■建築概要

敷地面積：337.95m²　　容積率：187.88%
建築面積：197.90m²　　階数：地下1階地上4階
延床面積：862.99m²　　構造：鉄筋コンクリート造、一部鉄骨造
建ぺい率：58.55%

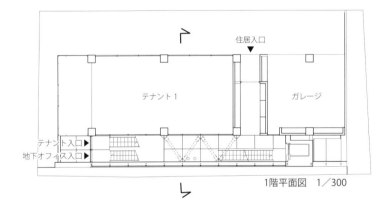

1階平面図　1/300

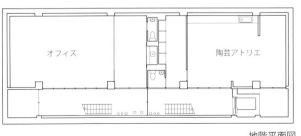

地階平面図

設計事例

2001年・神奈川県三浦郡葉山町　　　　　　　　　　　　　　　手塚貴晴＋手塚由比／手塚建築研究所

バルコニーの家

　逗子の海辺から一本入った小道に佇む店舗併用。敷地の角に立つと角に柱がなく、建物は浮遊している。背面の階段とキッチンの部分にコの字型に壁面が入った本箱のような構造形式で、三方向が開いた建物全体がバルコニーと錯角させられてしまうような構成となっている。引き戸には方立が全くない。コーナーを開放することにより、内部と外部の境界を曖昧にしようとする試みである。2階と3階には腰壁がある。腰壁の高さはプライバシーの度合いを映して各層違う。1階は店舗なので壁のない掃出し。2階はリビングなのでテーブルの高さに合わせて700mm。3階はベッドルームなので、プライバシーを考えて1,100mmとなっている。（手塚貴晴）

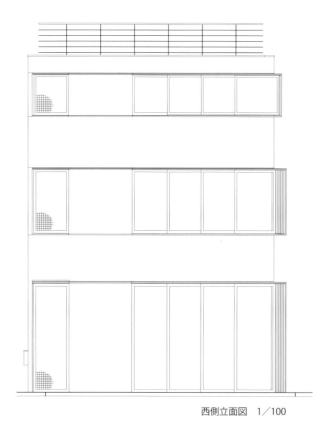

西側立面図　1／100

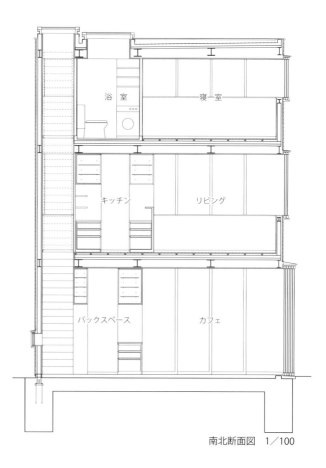

南北断面図　1／100

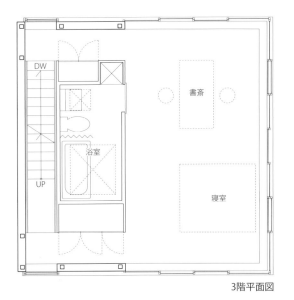

3階平面図

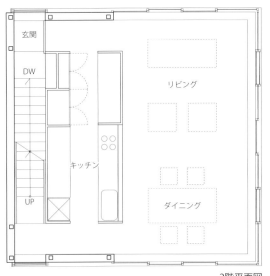

2階平面図

■ **建築概要**

敷地面積：124.12m²　容積率：104.16%
建築面積：44.26m²　階数：地上3階
延床面積：129.28m²　構造：鉄骨造
建ぺい率：35.66%

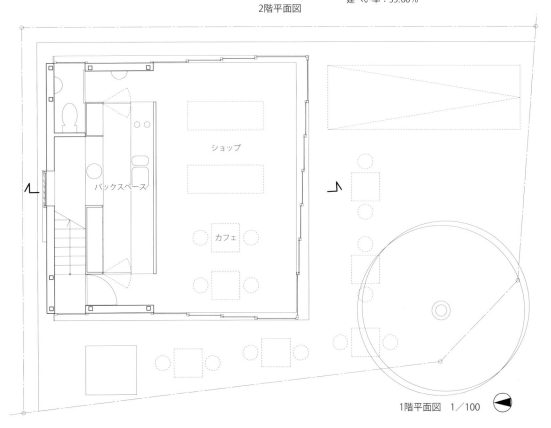

1階平面図　1/100

設計事例

2013年・徳島県徳島市　　　　　　　　　納谷学＋納谷新／納谷建築設計事務所

徳島の住宅

敷地は、徳島市の中心市街地、東西2本の通りに接している。

西側の通りは歩道を備えた交通量の多い幅員15mの道路で、先の商店街へ繋がる。東側の通りは小学校を目前に幅員6m、そのまま静かな住宅地へと続く。

クライアントは、この地域に住みながら小さな美容サロンを構えたいとのこと。我々は、1階をサロン、その上に2層の住宅を載せた。建物を断面的に考察すると1階から3階まで貫く階段を中心に2階のリビングを東側に、3階の子供部屋を西側に跳ね出させた。

美容サロンのアプローチには、鉛直方向のダイナミックなヴォイド空間を、オーナー住居へのアプローチには水平性の強い身体スケールのヴォイド空間を用意し、商業エリアと住宅地の狭間に建つこの住宅を、二面性をもつ一つの住宅として成立させた。

「徳島の住宅」は、商業建築でも単なる住宅でもない。都市と住み手を繋ぐ建築を、2本の動線と抽象的なスケールによって表現することに辿り着いた住宅である。（納谷学＋納谷新）

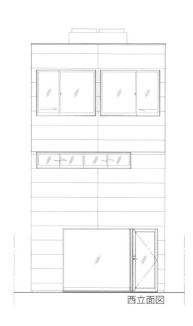
西立面図

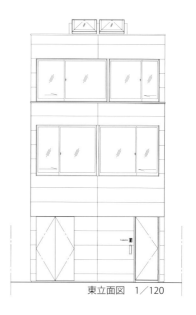
東立面図　1／120

■建築概要
敷地面積：108.30m²
建築面積：52.17m²
延床面積：96.89m²
建ぺい率：48%
容積率：89%
階数：地上3階
構造：軽量鉄骨造

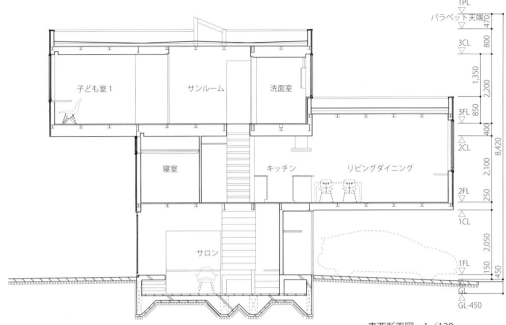

東西断面図　1/120

3階平面図

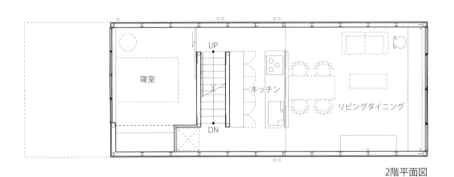

2階平面図

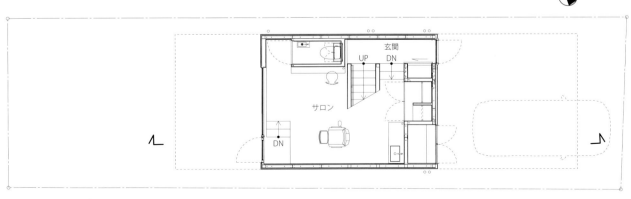

1階平面図　1/120

設計事例　43

2008年・静岡県静岡市　　　　　　　　　　　　　　　　　西沢大良建築設計事務所

駿府教会

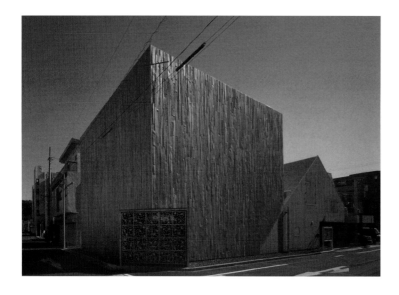

静岡市にある線路沿いの木造教会礼拝堂で、牧師の住居が併設されている。外観上は町並みにあわせた四角と三角のボリュームで簡潔にまとめられたが、その端正な壁の機能は圧巻である。総厚760mmの壁は9層のレイヤーにより構成され、"美観""断熱"や"耐力""防水"だけに留まらず、"音響"や"光"をもコントロールする。内壁の板張り間隔にはグラデーションをもたせてあり、トップライトから注がれた光や、音の吸反射を操るのだ。また、外装の割板肌の無垢材は、経年劣化することで完成形に近づくことが想定され、教会の重厚感を醸し出している。さらに複雑な凹凸面をもつ割板肌は、太陽光の位置によって刻一刻と変化する。そして2階レベルにコンパクトにまとめられた牧師住居も覆い隠し、住宅のもつ猥雑さをみじんも感じさせない仕上げとなった。まさに内外とも、光の効果を最大限生かすことが志向され、ディテールから全体像を積み上げていった手法ともいえよう。（文責：担当編集委員）

■建築概要

敷地面積：326.54m²　　容積率：95.91%（200%）
建築面積：217.36m²　　階数：地上2階
延床面積：313.20m²　　構造：木造
建ぺい率：66.5%（許容70%）

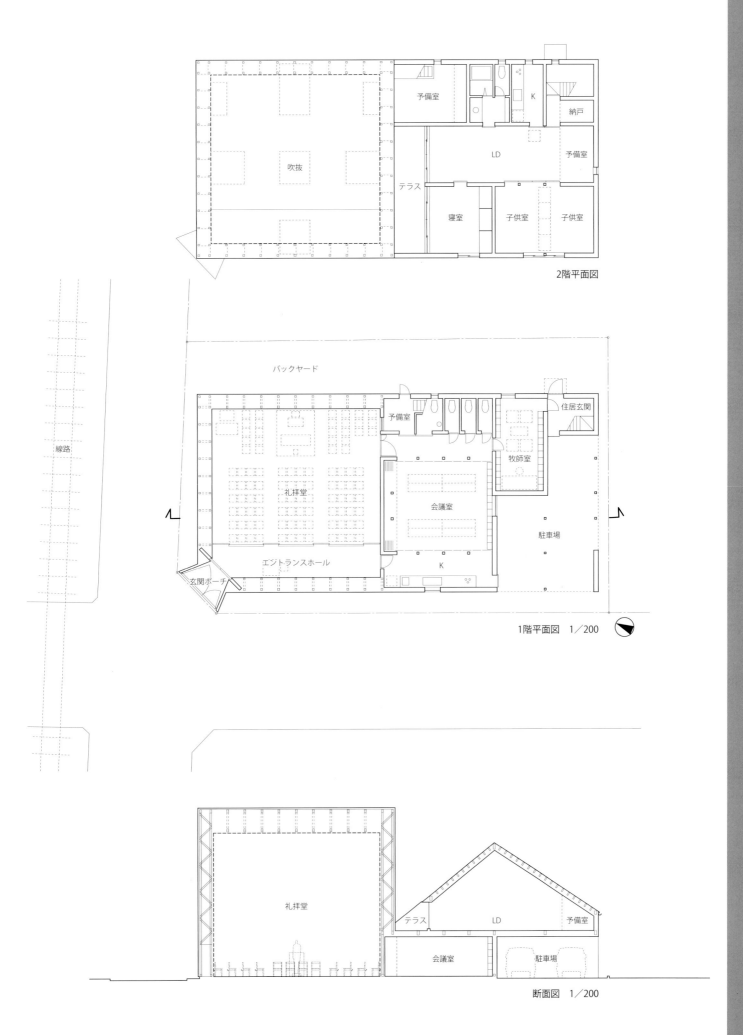

2007年・長野県北佐久郡軽井沢町　　　　　　　　　　　　　駒田剛司＋駒田由香／駒田建築設計事務所

森の家

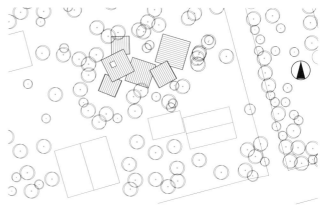

配置図　1／800

　敷地は中軽井沢の別荘地。幹線道路に近いことが逆に幸いしたのか、雑木林がそのまま残されたような場所である。東京から生活基盤を移し、豊かな自然の中でレストラン経営を目指すオーナー夫妻は、利便性と自然環境が適度に両立したこの地に自ずと引き寄せられたのではないかと思う。わたしたちは林の中で樹木の疎らな場所を見つけては、様々な大きさの箱を6つ配置した。数珠つなぎになったそれぞれの箱には、リビング、ダイニングキッチン、子供部屋、というように機能を割り振り、道路側端部の一番大きな箱がレストランのボリュームである。形態的にレストランが分節されることで、外部からの視認性が確保されるとともに、住宅の一部を構成する要素としても、自然に感じることができる。また、住居部分とレストランはドア1枚で仕切られ、壁を共有していない。そのため生活音の漏れなどが最小限に抑えられ、接客スペースの適性が容易に確保されている。（駒田剛司）

■建築概要
敷地面積：826.79m²　容積率：16.76%
建築面積：122.23m²　階数：地上2階
延床面積：138.63m²　構造：木造
建ぺい率：14.7%

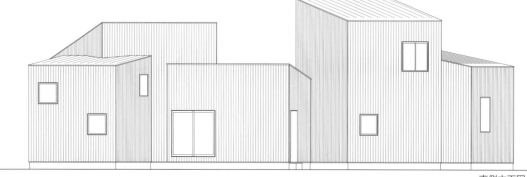

南側立面図　1／150

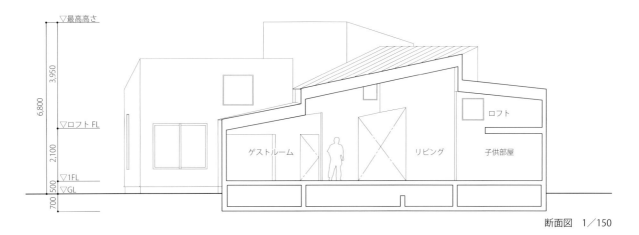

断面図 1/150

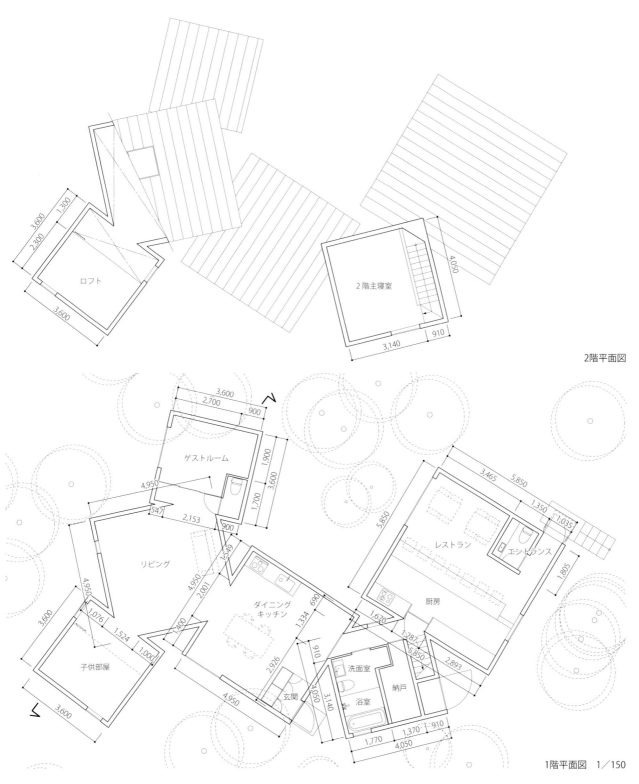

2階平面図

1階平面図 1/150

設計事例

2003年・広島県広島市　　　　　　　　　谷尻誠・吉田愛/SUPPOSE DESIGN OFFICE

毘沙門の家

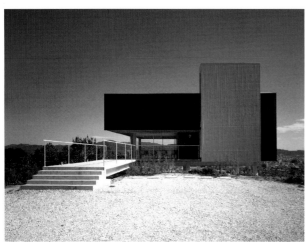

　広島市中心部の北側、傾斜地に建つカフェと住居の併用住宅で、上段の平地と下段の平地を繋ぐ傾斜地を利用して建てられた建築である。駐車場となっている北側の平坦部分からアプローチする配置で、傾斜する6本の柱に2枚のスラブと屋根を載せることで斜面から建築を突き出し宙に浮かせることを可能にした。同時に、この手法は下段敷地を建築から開放することになり、その空間利用を可能にしている。
　建物構成は1階にカフェ、その上階が住居である。ガラス張りの開放的なカフェ空間では、広島市内を一望できる。周辺は住宅地で、決して便利な場所ではないにもかかわらず、眺望を求めて訪れる人が絶えない人気のカフェである。
　2階の住居部分は、プライバシーを守るため北側の道路には閉ざしたファサードをもち、南側の傾斜地に向けて開かれた建築となっている。
　1階のカフェからも2階の住居からも様々な場面で眺望が確保されているのである。
　傾斜地を造成することなくその形状に従う構造によって、その土地のもつ力を最大限に活かした建築である。そしてその構造は商業施設と住居という異なる用途の建築において、眺望という共通解を導き出している。（文責：担当編集委員）

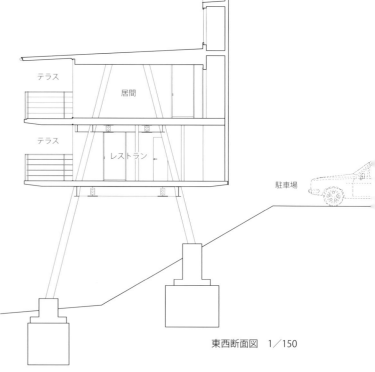

東西断面図　1/150

南側立面図 1/150

■建築概要

敷地面積：701.59m²
建築面積：80.20m²
延床面積：189.88m²
建ぺい率：11.43%
容積率：27.06%
階数：地上2階
構造：鉄骨造

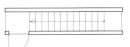

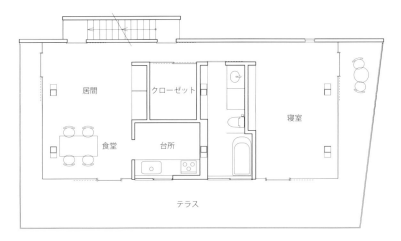

2階平面図

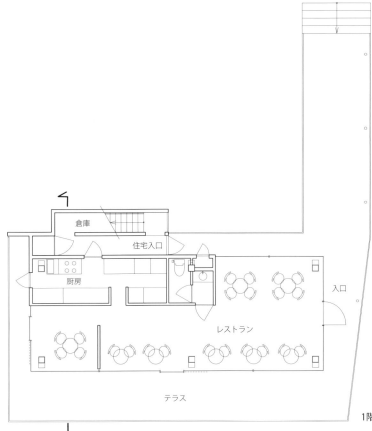

1階平面図 1/150

設計事例

2010年・東京都世田谷区　　三瓶満真＋いまむらあんな／インフィールド

アーキテクツハウス

設計者夫婦のアトリエ兼住居。

敷地面積約10坪、ワンフロアの面積は7坪弱。1、2階はアトリエと車庫、3階およびロフトを住居とした狭小住宅である。

新宿まで2駅の都心住宅地。土地の単価は高いが、この面積であれば手の届く価格だ。とはいえ、狭さを克服し快適な空間を実現するためには様々な工夫が必要となる。

外の景色を効果的に取り込む開口部、極限まで効率を追求した平面計画、スキップフロアや吹抜けを多用した断面構成などなど。しかし、それと同じくらい重要なのは、ものに対する考え方だ。無駄な買い物は控え、良いものを長く使う、それらが適切な場所に必要なだけ納まっているから、狭い空間がもので溢れることもない。

小さな土地に小さな建物を建て、そこで働きながら生活する。出勤の必要もなく、室内の移動も楽だ。小さな建物はエネルギー効率も良い。こうした要素が身体的にも精神的にも住まい手に大いなるリラックスをもたらしている。（三瓶満真）

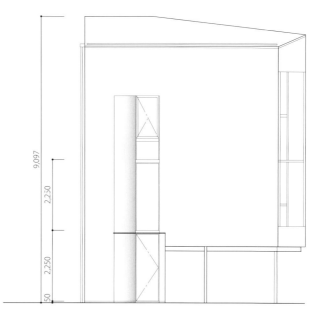

南立面図　1／120

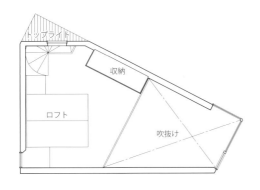

ロフト階平面図

■建築概要

敷地面積：31.62m²
建築面積：22.26m²
延床面積：56.75m²
建ぺい率：70.4%
容積率：179.48%
階数：地上3階
構造：鉄骨造

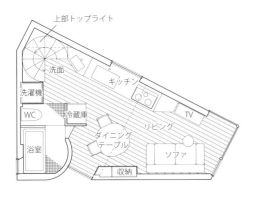

3階平面図

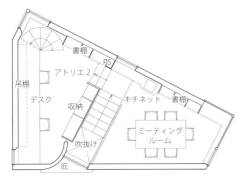

2階平面図

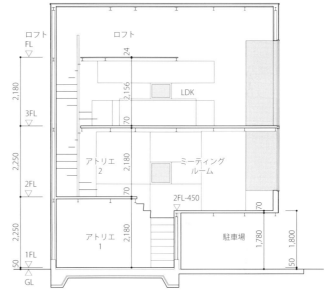

東西断面図　1/120

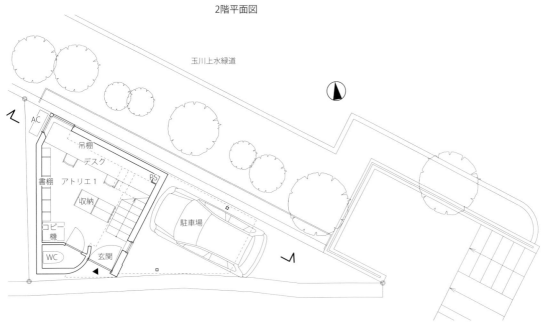

1階平面図　1/120

設計事例　51

2014年・東京都世田谷区　　　田井勝馬建築設計工房

代沢医院の家

敷地は通行の多い主要道の角地に面する。プライバシーを確保しながら開放性を得ることが重要であると捉え、視線と音と光をコントロールする帯状の壁面で敷地を包み込んだ。その内側には1階に医院、2階に住まいを、中庭を囲むように配置している。また、なだらかに傾斜する二辺の道路は医院と住まいのアプローチに半階のレベル差を生み出した。1階の医院に対して住まいのフロアはスキップ状に設けられ、各フロアは緩やかに繋がり家族と職住が程よい距離感を保つように意図している。コンクリートとガラスからなる外周の壁面は、医院と住まいの機能に応じて街との繋がり方が設けられ、夜にはガラス面を通して温かな光が行灯のように溢れ出す。敷地の条件と計画のプログラムを最大限に活かしシンプルに構成されたこの形態は、表情豊かに街のランドマークのように佇み、地域の人々との関係性をもつ。家族と職住と街が、緩やかに繋がる形を提案するのがこの建築である。（田井勝馬・前田恭顕・松山大樹）

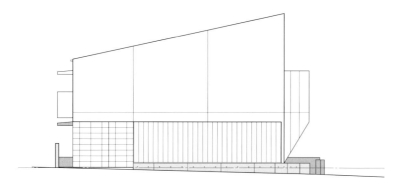

西側立面図　1／200

■建築概要

敷地面積：251.91m²
建築面積：150.99m²
延床面積：354.30m²
建ぺい率：59.94%（60%）
容積率：140.65%（150%）
階数：地下1階地上2階
構造：鉄筋コンクリート造

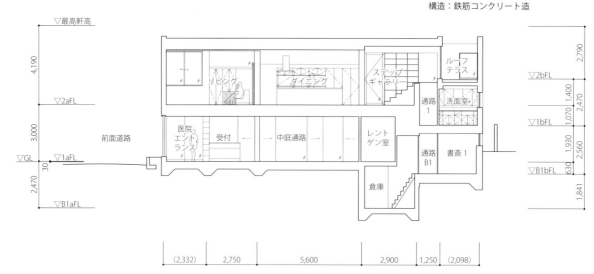

A-A断面図　1／200

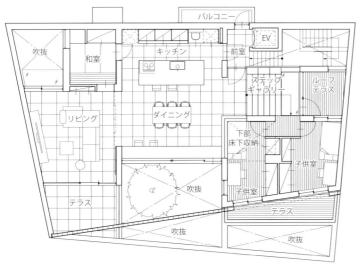
2階平面図

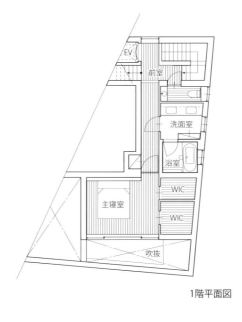
1階平面図

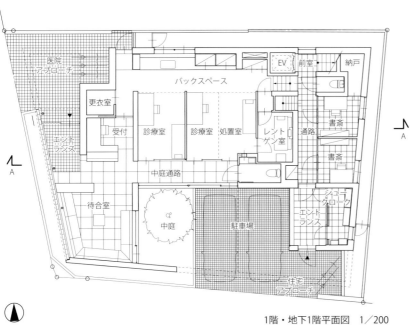
1階・地下1階平面図　1/200

設計事例

④ 設計図面

2013年・千葉県八千代市　　　　　　　　　　　　　　　　　　　　永山祐子建築設計

勝田台のいえ

正面外観

店舗入口を見る。前面道路側の塀とガラス壁のアプローチ

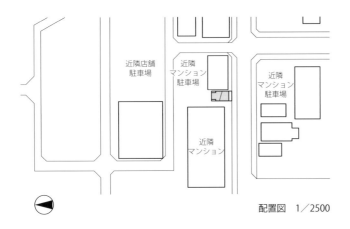

配置図　1/2500

■建築概要
敷地面積：100.01m²
建築面積：79.92m²
延床面積：178.46m²
建ぺい率：79.91%
容積率：178.44%
階数：地上3階
構造：鉄骨造

　1階は手前にケーキ屋さんと奥に厨房、2、3階はオーナー夫婦と2人の子供の住居となる店舗兼住宅。1階手前の店舗上は2階部分に空気の層が挟まり、3階部分が住居という断面構成となっており、店舗の上に住居のボリュームが浮いているように見える。この空気の層が昼間は店内に自然光を落とし、夜は隙間から宝箱が開いたように光が溢れ、それぞれの時間で光の層をつくり出す。

　店舗と上に浮かぶ住居は一つの建物ではあるけれど、一方から他方を外から眺めるような視点があり、各々が独立した存在となっている。店舗は前面が低い塀に囲まれた外部空間のような開放的な場所、住居は周りから見えないボックスというように、それぞれの場所は周辺環境に対して違う距離感をもっている。

　店舗から住居に移動したときに、気持ちが切り替わるように外部空間を含む長く変化あるアプローチとした。公共性の高い店舗、周辺環境から独立性の高い住居と周辺との距離感が変化することで、1日の大半を過ごす一つの建物内の働く空間とプライベートな空間に流れる時間に変化を与えたいと思った。（永山祐子）

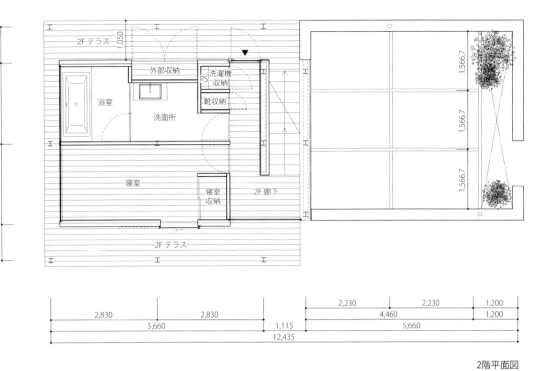

2階平面図

3階平面図

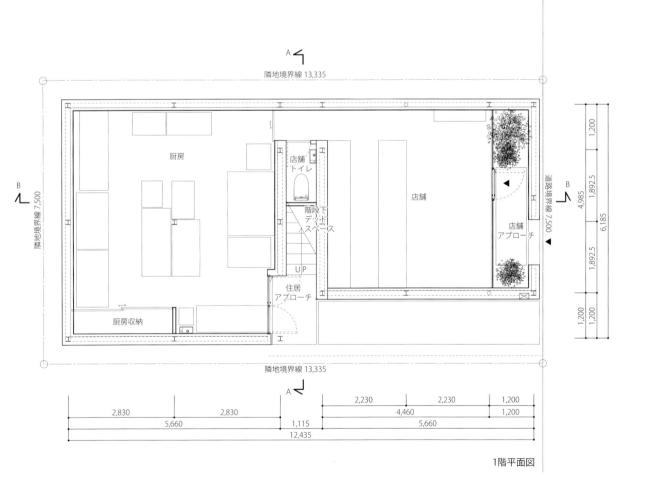

1階平面図

勝田台のいえ
1階・2階・3階平面図　scale 1/100

店舗上部のガラス屋根

店舗内

店舗から外を見る

店舗。木壁の裏が厨房

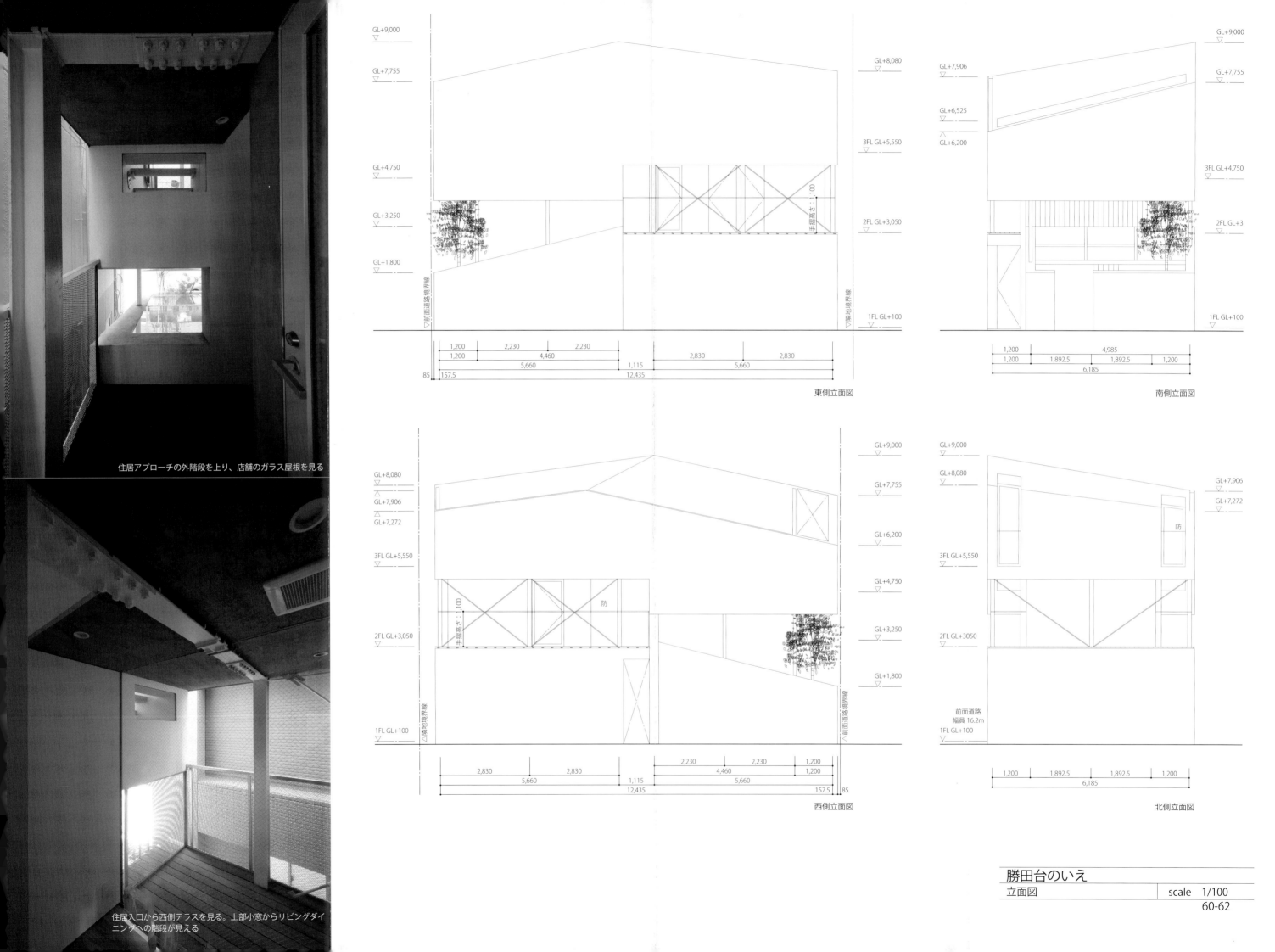

住居アプローチの外階段を上り、店舗のガラス屋根を見る

住居入口から西側テラスを見る。上部小窓からリビングダイニングへの階段が見える

東側立面図

南側立面図

西側立面図

北側立面図

勝田台のいえ
立面図
scale 1/100

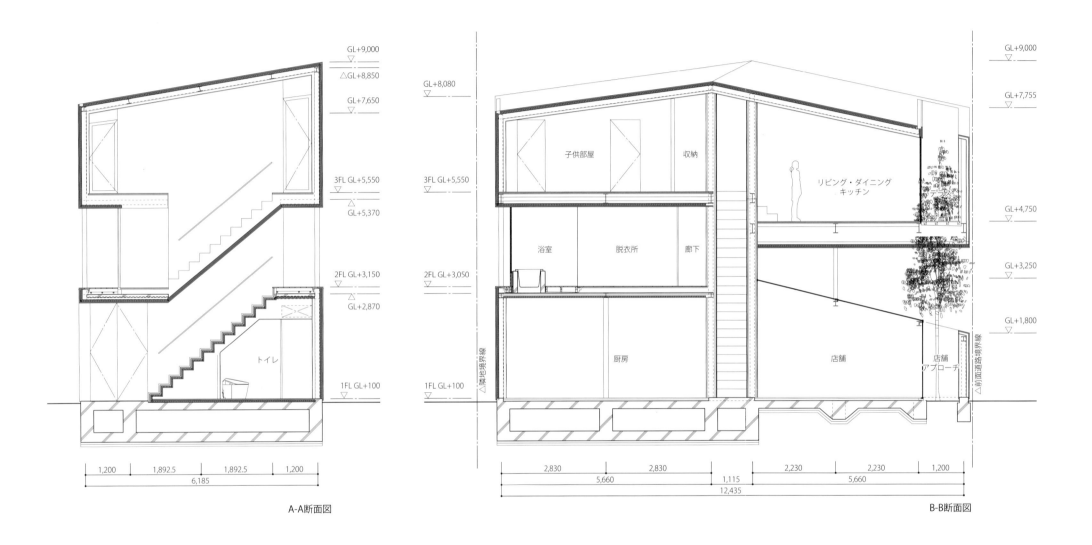

A-A断面図

B-B断面図

勝田台のいえ
断面図　scale 1/100

3階から2階への階段見下ろし

リビングダイニング

リビングダイニングから子供部屋への廊下を見る

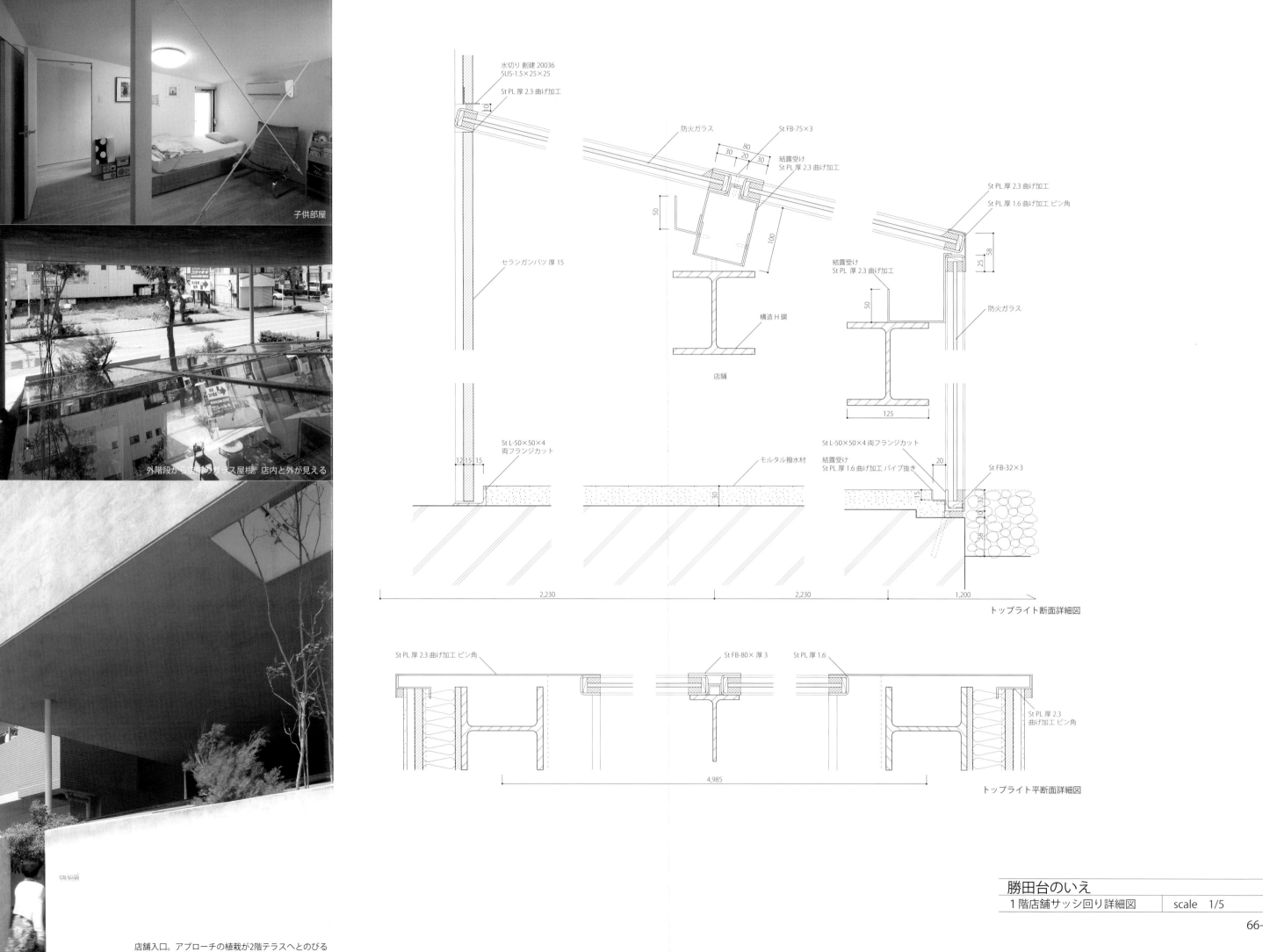

図版出典
- 江戸東京たてもの園資料より作成：図1.6
- 「京都四条京町家」パンフレットより作成：図1.3
- 総務省HP掲載データより作成：表2.2
- タカラベルモント提供：図2.33、図2.34
- タカラベルモント資料より作成：図2.35
- 東京都福祉保健局資料より作成：表2.7
- 西日本工高建築連盟編『新建築設計ノート　オフィスビル』彰国社、1989年：図2.9、図2.10、図2.13、図2.14、図2.15
- 日本建築学会編『建築設計資料集成（総合編）』日本建築学会、2001年：図2.20、図2.21、図2.22、図2.23
- 日本建築学会編『コンパクト建築設計資料集成〈住居〉』日本建築学会、1991年より作成：図2.3
- 日本建築学会編『第2版　コンパクト建築設計資料集成』日本建築学会、1994年（イトーキオフィスプラン推進部編「Manual of Office Planning」1974）より作成：図2.8
- 日本建築学会編『第2版　コンパクト建築設計資料集成』日本建築学会、1994年：図2.40、図2.43、図2.44
- 乃村工藝社提供（植草孝「物販店の設計アプローチ」『別冊商店建築61　物販店の設計アプローチ』商店建築社、1992年）：図2.19、図2.24、図2.25、図2.26
- 藤江澄夫編『建築計画・設計シリーズ24　商業施設Ⅰ』市ヶ谷出版社、1995年：図2.1
- 宮原亮介・張漢賢「旧東京市営店舗向住宅の持続的利用に関する調査研究」日本建築学会中国支部研究報告集第34巻、平成23年3月（東京市、『継清澄庭園店舗向住宅建設費・工事費冊の1』資料をもとに作成）：図1.9
- LIXIL「キッチン商品カタログ」2016年8月改訂版より作成：図2.5
- LIXIL「PUBLIC 多機能トイレプラン集」2016年2月カタログより作成：図2.16
- 「Panasonic Newsroom Japan（LED照明EVERLEDSによる次世代オフィス照明の事業展開）」資料より作成：図2.6

参考文献
- 伊藤毅著『日本史リブレット35　町屋と街並み』山川出版社、2007年
- エクスナレッジ編『[用途別] 建築法規エンサイクロペディア　最新版』エクスナレッジ、2012年
- 建築申請実務研究会編『建築申請memo 2016』新日本法規出版、2016年
- 建築思潮研究所編『建築設計資料19　店舗併用住宅—商住建築』建築資料研究社、1987年
- 建築思潮研究所編『建築設計資料84　店舗併用住宅—商住建築2』建築資料研究社、2001年
- 建築思潮研究所編『建築設計資料86　町のギャラリー』建築資料研究社、2002年
- 建築思潮研究所編『建築設計資料90　診療所』建築資料研究社、2003年
- 建築設計テキスト編集委員会編『建築設計テキスト　事務所建築』彰国社、2008年
- 小松正樹編『IS建築設計テキスト　医療施設』市ヶ谷出版社、2014年
- 島村昇・鈴鹿幸雄他著『京の町家　SD選書59』鹿島出版会、1971年
- 商店建築社編『HAIR SALON DESIGN』商店建築社、2014年
- 関根裕司編著『医院建築の計画と設計事例』彰国社、2013年
- 辻泰岳・大井隆弘・飯田彩・和田隆介著『昭和住宅　1926-1989』エクスナレッジ、2014年
- 東京都歴史文化財団編『江戸東京たてもの園　解説本 収蔵建造物のくらしと建築』東京都歴史文化財団、2003年
- 西日本工高建築連盟編『新建築設計ノート　併用住宅』彰国社、1987年
- 西日本工高建築連盟編『新建築設計ノート　診療所・医院』彰国社、1993年
- 日本建築家協会編『DA建築図集　医病院Ⅱ　私立の病院』彰国社、1984年
- 初田亨著『図説　東京 都市と建築の130年』河出書房新社、2007年
- 平岡雅哉・神谷麻理子・堀田正治著『[新版] これだけは知っておきたい 厨房設計の知識』鹿島出版会、2013年
- 藤井輝恵「清澄庭園内店舗向住宅について—昭和初期のRC造町家建築—」日本建築学会大会学術講演梗概集、1994年
- 藤森照信著・増田彰久写真『看板建築』三省堂、1999年

写真撮影者・提供者
上田宏：p44左上・右
大沢誠一：p52、p53
界工作舎提供：図1.25
金子友美：図1.4、図1.5
コンテンポラリーズ提供：図1.27
彰国社写真部（畑 拓）：図1.1、図1.2、図1.10、図1.11、図1.29、図1.31、p38、p39、p42、p50、p51、p56、p59、p60、p65、p66、コラム②
彰国社編集部：図1.7、図1.8、図1.12、コラム①

新建築写真部：図1.13左・中・右、p40、p41、p44左下
傍島利浩：図1.22、p46
高木康広：p44左中
田口知子建築設計事務所提供：図1.23
とのま一級建築士事務所提供：コラム⑥
能作文徳建築設計事務所提供：図1.32
服部信康建築設計事務所提供：図1.26
堀部安嗣建築設計事務所提供：図1.28
松永英伸：コラム③
矢野紀行：図1.24、p48、p49
吉村寿博建築設計事務所提供：図2.37
abanba提供：コラム④
Ks Architects提供：図2.39
milligram studio提供：図1.30

著者略歴

積田　洋（つみた　ひろし）
- 1951年　東京都生まれ
- 1975年　東京電機大学工学部建築学科卒業
　　　　同研究室、設計事務所を経て
- 1978年　東京電機大学工学部建築学科助手
- 2001年　東京電機大学工学部建築学科教授
- 2015年　東京電機大学未来科学部学部長、現在に至る
　　　　博士（工学）、一級建築士

主な著書：『建築設計テキスト 事務所建築』『建築設計テキスト 図書館』『建築・都市計画のための空間の文法』『建築空間計画』（以上共著、彰国社）、『建築・都市計画のための空間学事典 増補改訂版』『空間デザイン事典』『建築・都市計画のための空間計画学』『空間体験』『空間演出』『空間要素』（以上共著、井上書院）、『人間環境学』（共著、朝倉書店）、『地域施設の計画』（共著、丸善）

金子友美（かねこ　ともみ）
- 1965年　栃木県生まれ
- 1988年　昭和女子大学卒業
- 1993年　昭和女子大学大学院修士課程修了
- 1998年　昭和女子大学生活科学部生活環境学科専任講師
- 2008年　昭和女子大学生活環境学部生活環境学科准教授
- 2014年　昭和女子大学大学院生活機構研究科環境デザイン研究専攻准教授、現在に至る
　　　　博士（学術）、一級建築士

主な著書：『建築空間計画』（共著、彰国社）、『建築デザイン用語事典』『空間デザイン事典』『建築・都市計画のための空間学事典 増補改訂版』『空間要素』『空間演出』（以上共著、井上書院）

松永英伸（まつなが　ひでのぶ）
- 1964年　静岡県生まれ
- 1987年　東京電機大学工学部建築学科卒業
- 1989年　東京電機大学理工学部修士課程修了
- 1989～1996年　原広司＋アトリエファイ建築研究所
- 1998年　一級建築士事務所クリップ　共同設立
- 2015年　TDU建築設計事務所 管理建築士、東京電機大学講師、現在に至る
　　　　一級建築士

主な作品：新梅田シティ*、京都駅ビル*ほか（*はアトリエファイ建築研究所在籍時担当）
主な受賞：第2回リビングデザイン賞 グランプリ受賞（棚橋国年彦、金子友美と共同）、第5回ジャパンアートスカラシップ グランプリ受賞（松本大と共同）、越後妻有アートトリエンナーレ2000 松之山公募 グランプリ受賞（棚橋国年彦、設楽壮一と共同）、第2回住まいの外観コンペティション 日経アーキテクチュア賞受賞

建築設計テキスト　併用住宅

2016年12月10日　第1版　発 行

編 者	建築設計テキスト編集委員会
著 者	積田　洋・金子友美・松永英伸
発行者	下 出 雅 徳
発行所	株式会社　彰 国 社

162-0067 東京都新宿区富久町8-21
電話　　03-3359-3231（大代表）
振替口座　00160-2-173401

著作権者との協定により検印省略

自然科学書協会会員
工学書協会会員

Printed in Japan
©建築設計テキスト編集委員会（代表）2016年

印刷：真興社　製本：ブロケード

ISBN 978-4-395-32079-0 C3352　　http://www.shokokusha.co.jp

本書の内容の一部あるいは全部を、無断で複写（コピー）、複製、および磁気または光記録媒体等への入力を禁止します。許諾については小社あてご照会ください。